MANIERE DE BASTIR
pour touttes sortes de personnes

PAR
Pierre le Muet Architecte ordinaire
du Roy et Conducteur des desseins
des fortifications de sa Majesté

Reueue et augmentee en cette
seconde edition de plusieurs
figures de tresbeaux Bastimans et
Edifices de L'inuention et con-
duite dudt Sr P. le Muet, et autres

A Paris
Claude Joinbert rue
St Iacques au Coin de
la rue des Mathurins
Chez   à l'image Notre Dame
Iean et Ioseph Barbou
freres rue St Iacques
proche la fontaine St
Benoist aux Cigognes

Auec Priuilege du Roy

Distribution de la premiere place, ayant de Largeur 12 pieds, et de profondeur, depuis 21 pieds et demi à toute autre qui sera moindre que 25 pieds.

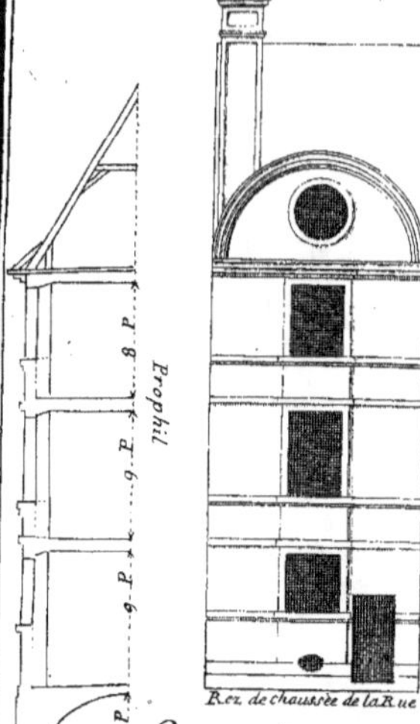

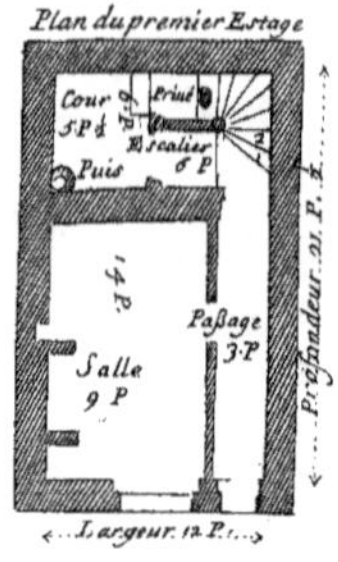

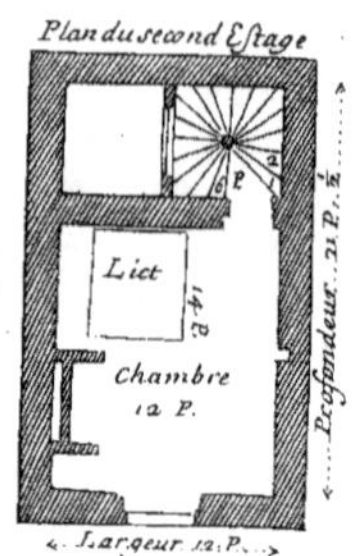

En cette place premiere de douze pieds de largeur, sur vingt et vn pieds et demy de profondeur, la largeur se distribue en vne salle de 9 pieds, et vn passage de 3. pieds. la profondeur se diuise en la salle de quatorze pieds, et en vne cour de cinq pieds et demy de largeur; et le reste de la largeur sur toute cette profondeur, est employé en vn escalier qui aura 6 pieds en quarré, ou sous le rampant des marches sera fait le priué. Avn des angles de la cour, joignant la Salle, est le puys. Pour la descente de la caue, elle se fera au passage, par le moyen dvne trappe, tant en cette figure comme aux suiuantes, iusques à la sixieme distributiõ de la 6.e place.

Pour le regard du 2.d estage, la chambre occupera la largeur, tant de la sale que du passage, et partant aura 12 pieds de largeur; et pour la profondeur, elle est reglée par celle de la Salle de dessous, qui est 14 pieds; le reste de ce plan ne differe point du I.er Et quant sur cette mesme largeur d'edifice, la profondeur se trouueroit entre 21 pieds et demy, et 25, les mesures de la largeur demeurant en leur entier, il faudroit distribuer le surplus de la profondeur en la cour, et en la sale, selon le desir de celuy qui bastiroit. Et auons trouue bon de declarer toutes les mesures des edifices, sur le discours particulier que nous auons fait de la structure dvn chacun; encore que nous les eussions marqués par chiffres sur les plans, pour plus grande instruction de ceux qui sont moins exercez en la connoissance des plans. Et Pour le regard des hauteurs, le I.er estage aura 9 pi. sous soliues, depuis l'aire de la Salle, et l'épaiss.r du plancher, les soliues comprises aura 8 pou. qui sera plus que suffisam.t sur vne si petite largeur. Dont toute la hauteur sera de 9 pi. 8 pou. laquelle estant departie en 18 marches, ce sera 6 pou. 5 lignes 2 tiers pour la hauteur de chacune; laquelle distribution suiura aussi au second estage, lequel a 9 pieds de haut, cõme le I.er. Le 3.e Estage à de hauteur 8. pi. sous soliues, et 8 pou. d'epaiss.r, compris les soliues et plancher. Cette hauteur de 8 pi. et 8 pou. estant distribuée en 16 marches, nous donnera 6. pou. et demy de hauteur pour chacune, qui sont 2 tiers de ligne, de plus que les autres marches; et partant leur difference est cõme insensible. Au dessus seront greniers. Et d'autant que l'eschapée necessaire pour l'escalier est empeschée par la hauteur quil faut donner au priué, on descendra de la cour au priué, par deux marches, dont lvne sera dans la cour, et l'autre dans le priué, ayant chacune 9 pouces de hauteur.

Largeur de 12 pieds, sur 25 de profondeur, laquelle servira
pareillement jusqu'à quinze pieds de largeur, et trente cinq
et demy de profondeur, le tout Inclusivement.

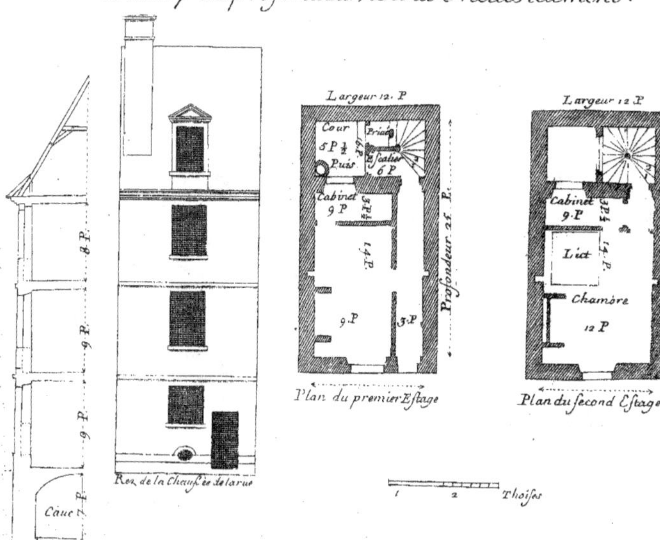

La largeur totale est semblable a la figure precedente en toutes
ses parties, ainsy la Salle aura 9 pieds de largeur, et le passage 3 pi.
et ainsy pour l'estage de dessus, la Chambre aura la largeur de 12
pieds. La distribution de la profondeur se peut faire en 2 façons,
l'une comme la precedente sans Cabinet, donnant l'excés de la profondeur qu'a cette figure plus que la precedente, a la Salle, ou a la
Cour, ou bien partie a l'une, et partie a l'autre. La Seconde façon
est, pratiquant un Cabinet au bout de la Salle, de 9 pieds de larg.
sur 3 pieds et demy de profondeur, Si vous le faisiez plus profond
vous n'auriez pas assez de place pour le lit, restant ainsy 14 pi.
de profondeur, tant pour la Salle que pour la Chambre.
Nottez que depuis cette largeur jusqu'à celle de 19 pieds, le Cabinet ne se peut trouver en autre sens; mais venant a 20, on le
pourra Changer, comme il sera dit cy apres. Et ou la largeur
de la place sera plus grande que 12 pieds, et plus petite que 15;
il faudra donner le surplus a la largeur de la Salle et de la
chambre, laissant tousiours le passage de 3 pieds. Et pour
la profondeur depuis 25 pieds, iusqu'à 35 pieds et demy, l'augmentation en sera departie a la Salle, Cabinet et Cour, a la discretion du batissant. Les hauteurs seront de neuf pieds sous
soliues pour le premier, et second Estage, et de huict pieds pour
le troisié. cõme en la figure precedente. La mesme hauteur des
marches sera suiuie en l'ouurage present.
La precaution pour l'eschappée de L'escalier au dessus du Priué
sera gardée comme en la figure precedente.

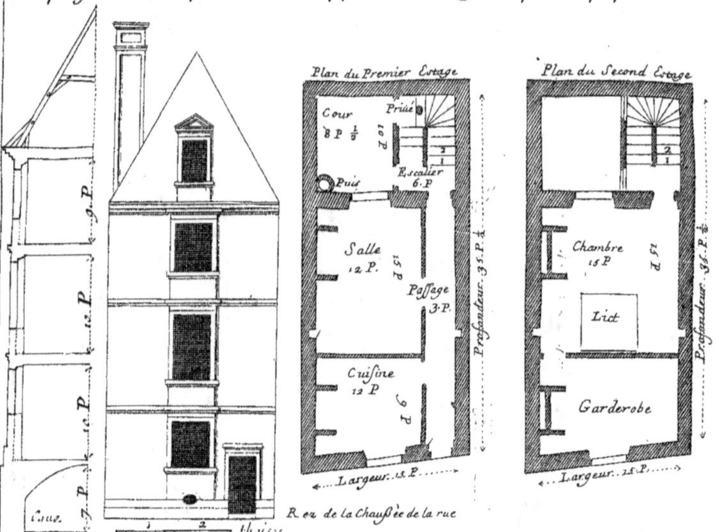

Cette distribution se peut faire, en trois sortes diferentes, a chacune des =
quelles nous auons approprié son dessein. La premiere retient la diuisiõ
en largeur des precedentes en la Salle de 12 pieds, et le passage de 3. mais la pro=
fondeur adiouste aux precedentes vne Cuisine par bas, et vne garderobe par
haut, au lieu du Cabinet. L'escalier retient sa premiere situation et largeur, mais
non pas sa premiere forme: Car sa profondeur, compris lescalier, en est augmen-
tée iusques a 10 pieds, qui est celle de la Cour, et les marches se rencontrent de front a
ceux qui entrent; ce qui n'auoit lieu aux desseins precedents. La Cuisine aura doncq,
9. pieds de profondeur, la Salle 15, et la Cour 10, cõme dit est: et en cette distribution
on pourra changer de place a la salle et a la Cuisine fort aisement, n'estant questiõ
que de transporter la Cloison, reseruant a chacune sa propre profondeur: Ce
qui se doit aussi entendre de l'estage de dessus, si l'on veut, dautant qu'on le
peut laisser en sa forme, en changeant celuy de dessous. Au surplus nous
auons voulu representer la face du deuant de cet edifice en biais, parceque cela
arriue souuent aux situations des places des villes, afin de monstrer qu'encore quil
y ait vne des faces biaise, il ne faut pas laisser de faire les appartemens auec des
angles droits; Ce qui soit dit vne fois pour toutes. La Hauteur du I.er et 2.d estage
aura 10. pi. sous soliues, qui seront 10 pi. 8 pou. compris l'epaiss.r du plancher, de la=
quelle haut.r la distribution se peut faire en l'escal.er en 2 manieres. La I.re suiuãt
le dessein selon lequel on monte par 19. marches, et partant chacune marche au=
ra 6. pou. 9. lignes de haut.r. La seconde maniere se pratique en donnant 8
marches au tournant de lescalier, au lieu de 10 pour le rendre plus aisé, et continu=
ant lescalier en tournant iusques contre la Chambre, qui le haussera de 4. marches,
et ainsi nous aurons en tout 21 marches: par lesquelles estant diuisée toute la hau=
teur de 10 pi. 8 pou, nous aurons pour la haut.r de chacune marche 6. pou. 1. ligne,
selon cette 2.e maniere. Le 3.e Estage a de haut.r 9. pi. sous soliues, qui sera com=
pris l'epaiss.r du plancher 9. pi. 8. pou. lesquels diuisez par 19. marches, nous
donneront 6. pou. 1 ligne pour la hauteur de chacune. Au dessus seront greni=
ers ou chambres en galletas, de 7 a 8. pi. sous soliues. L'incommodité de les=
chapée de lescalier au dessus du priué se suitera par la maniere dite cy dessus.

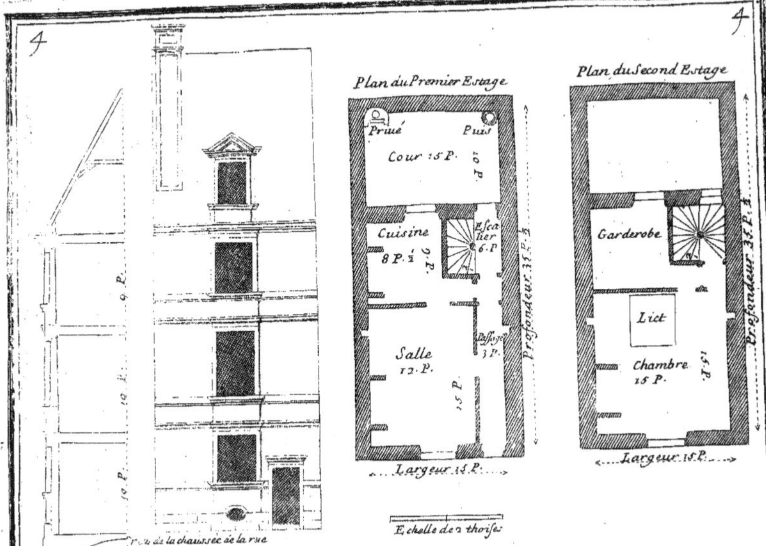

Deuxiesme Distribution
de la troisiesme place

La seconde maniere de distribution de la place sus: mentionée retient bien celle de la precedente en la largeur, qui se partit en la Salle, de 12 pieds, et au passage de 3. La difference consiste au changement de la place de l'escalier, et de la cuisine, et en l'elargissement de la cour pour l'estage de dessous, et au changement de place de la chambre et garderobe en celui de dessus. la Salle aura 15. pi. de profondeur, la cuisine 9, sur 8½ de largeur, d'autant que le reste est emploié en l'escalier, qui a 6 pi. en quarré. la cour a 10 pi. de profondeur sur 15 de large; la chambre aura 15 pi. en quarré le tout dans oeuure. La hauteur du 1.er et 2.me estage aura 10 pi. sous soliues et 8 pou. pour l'epaisseur du plancher: diuisee en 19 marches de l'escalier, de 6 pou. 9 lignes chaque la hauteur du 3.e Estage aura 9 pi. 8 pou. compris l'epaisseur du plancher, et chaque marches aura 6 pou. vne ligne de hauteur. Au dessus seront greniers ou chambres ou galletas, de sept a huit pieds sous soliues de hauteur.

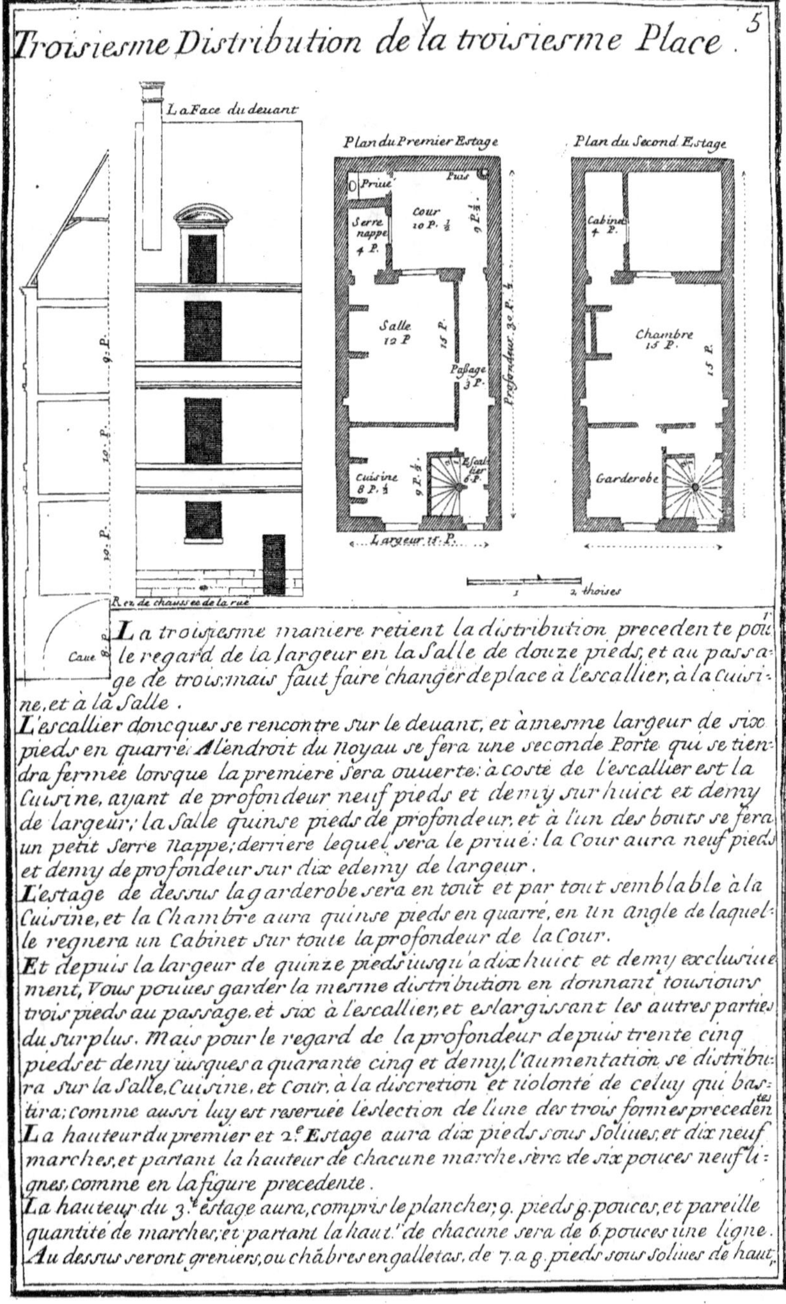

La troisiesme maniere retient la distribution precedente póu le regard de la largeur en la Salle de douze pieds, et au passage de trois; mais faut faire changer de place à l'escallier, à la cuisine, et à la Salle.

L'escallier doncques se rencontre sur le deuant, et à mesme largeur de six pieds en quarré: A l'endroit du noyau se fera une seconde Porte qui se tiendra fermée lorsque la premiere sera ouuerte: à costé de l'escallier est la Cuisine, ayant de profondeur neuf pieds et demy sur huict et demy de largeur; la Salle quinse pieds de profondeur, et à l'un des bouts se fera un petit Serre nappe; derriere lequel sera le priué: la Cour aura neuf pieds et demy de profondeur sur dix edemy de largeur.

L'estage de dessus la garderobe sera en tout et par tout semblable à la Cuisine, et la Chambre aura quinse pieds en quarré, en un angle de laquelle regnera un Cabinet sur toute la profondeur de la Cour.

Et depuis la largeur de quinze pieds iusqu'à dix huict et demy exclusiuement, Vous pouues garder la mesme distribution en donnant tousiours trois pieds au passage, et six à l'escallier, et eslargissant les autres parties du surplus. Mais pour le regard de la profondeur depuis trente cinq pieds et demy iusques a quarante cinq et demy, l'aumentation se distribura sur la Salle, Cuisine, et Cour, à la discretion et uolonté de celuy qui bastira; comme aussi luy est reseruée l'eslection de l'une des trois formes precedentes.

La hauteur du premier et 2.e Estage aura dix pieds sous Soliues, et dix neuf marches, et partant la hauteur de chacune marche sera de six pouces neuf lignes, comme en la figure precedente.

La hauteur du 3.e estage aura, compris le plancher, 9. pieds 9. pouces, et pareille quantité de marches, et partant la haut.r de chacune sera de 6. pouces une ligne.

Au dessus seront greniers, ou chãbres en galletas, de 7. a 8. pieds sous Soliues de haut.

 # Distribution de la quatriesme place

Depuis dixhuit pieds et demy de largeur, jusques a vingt,
et de profondeur depuis cinquante pieds jusques a 61 et demy.

En cette distribution vous gardez tousiours celle de la largeur en donnant 3 pieds
au passage, et le reste à la Salle et autres appartemens. La diuersité d'auec les prece=
dens consiste en vn corps de logis de plus, qui se fait au bout de la cour, dont vous
pouuez faire seruir d'écurie l'étage d'en bas, ou de chambre à vre discretion. La sale
donc aura 15 pieds de largeur sur 17 pieds de profondeur. La Cuisine aura
11 pieds et demy de largeur sur 9 de profondeur, à costé de laquelle sera l'escalier tousiours de six pieds en quarré. La Cour aura 18 pieds et demy de largeur
sur 11 de profondeur. au bout de laquelle sera vn petit corps de logis sur toute
la largeur de 18 pieds et demy, sur 10 pieds et demy de profondeur; et à l'vn des
bouts de ladite largeur sera le priué, derriere lequel sera la place d'vn lit pour
vn garçon. L'etage de dessus suiura la distribution de celuy de dessous, et aura
de plus vne gallerie de 3 pieds de largeur, pour aller d'vn Corps de logis à l'autre.
La Chambre donc aura 18 pieds et demy de largeur sur 17 de profondeur; et
la garderobe 11 pieds et demy de large sur 9 de profondeur. Cette distribution
se pourroit encore changer en chacune des deux autres representées par la 3.e
et 5.e figure, n'estoit la difficulté de l'escalier lequel ne donneroit pas si commode
communication d'vn corps de logis à l'autre, comme il fait en la presente forme.
Et depuis la largeur de 18 pieds et demy jusques a 20, vous pouuez garder
la mesme distribution, donnant tousiours 3 pieds au passage, et 6 pieds en
quarré a l'escalier, et eslargissant les autres parties de surplus. Mais pour le re=
gard de la profondeur depuis 50 pi. iusques à 61 pi. et demy, l'augmentation
se distribuera sur la Salle, Cuisine, Cour et logis de derriere, à la discretion et vo=
lonté de celuy qui bastira.   La hauteur du 1.er et 2.d Estage du principal
corps de logis qui est sur le deuant aura 10 pi. sous soliues, qui sera 10 pieds
8 pou., compris l'epaisseur des soliues et plancher; laquelle hauteur distribuèe
aux 19 marches de l'escalier, nous donnera 6 pou. 9 lignes pour la hauteur de
chacune.   Le 3.e Estage aura 9. pi. 8. pou. de haut, compris l'epaisseur des
soliues et plancher, laquelle distribuèe sur pareille quantité des marches, ce
sera 6. pou. 1 lig. sur la haut.r de chacune.   Au dessus seront greniers ou
chambres en galetas de 7 a 8. pieds sous soliues.   La hauteur du Corps de
logis de derriere aura 8. pi. 4. pouces sous soliues qui sera neuf pieds, com=
pris l'epaisseur des soliues et plancher: et d'autant que la hauteur de chacune
marche est de 6. pouces 9. lignes, il y faudra monter par 16. marches, dont
les 12. se prendront en l'escalier, et les 4, tant en l'epaisseur ^du mur, qu'en la profondeur
de la gallerie.   Le 2.d Estage aura 9. pi. sous soliues, et 9. pi. 8. pou. com=
pris l'epaisseur des soliues et plancher, et au dessus seront greniers.

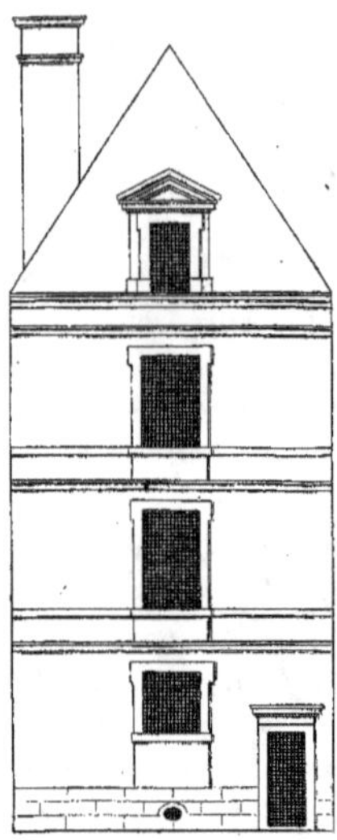

La face du Logis de deuant.

La face du petit corps de Logis
de derriere.

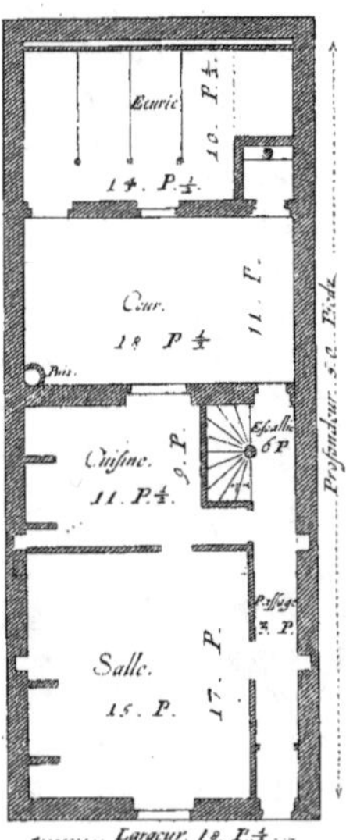

Plan du premier Estage.

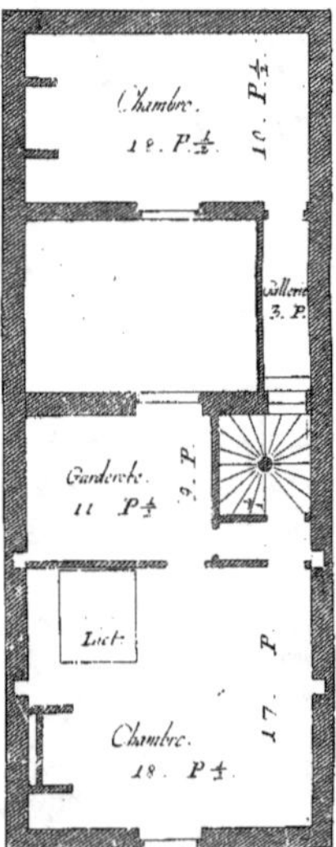

Plan du second Estage.

Distribution de la Cinquiesme Place
Depuis 20 pieds de largeur, jusques a trente, et sur la mesme profondeur de soixante et vn pieds et demy.

La grandeur de cette place nous donne des aduantages que nous ne pouuions auoir aux precedentes, c'est pourquoy sa distribution est grandem.t differente des autres, et pouuons auoir 2 Cours au lieu d'vne, et l'escalier à 2 palliers, et le passage assis au milieu, ou en l'angle, a n're choix, au lieu qu'aux bastimens precedens il estoit relegué en l'angle necessairem.t. Ce passage donc est constitué au milieu de la largeur de l'édifice de 4 pieds de largeur, ayant d'vn costé la Cuisine et l'escalier, et de l'autre le garde manger. La Cuisine côme aussi le garde manger, auront de largeur 8 pi. sur 10 de profondeur. la Cour aura 13 pi. de largeur sur 19 de profondeur, et le reste de la largeur qui sont 7 pi. demeureront pour la largeur de l'escalier, compris l'epaisseur du mur. De la Cour on monte 2 marches pour entrer en la Salle qui aura 20 pi. de largeur sur 18. de profondeur, et le reste de la profondeur, qui est dix pi, sera employé en vne petite Cour de derriere, et en vn Cabinet a l'vn des angles de la Salle, qui aura 6. pi de largeur sur la mesme profondeur de la Cour. Pour l'étage d'en haut du corps de logis de deuant, vous aurez la Chambre et l'escalier d'vn costé, et la garderobe de l'autre, la chambre aura 13 pi. de largeur sur 10 de profond.r, et la garderobe 7. pi de largeur sur la mesme profondeur, et en l'vn des angles de la chambre, entre la chambre et l'escal.er sera le priué.

Pour le corps de logis de derriere, la chambre aura 13 pi de largeur sur 18. de profondeur, la garderobe 7. pi de largeur, sur 15 de profondeur, le cabinet de dessus sera semblable à celuy de dessous. Cette distribution se peut changer sans alterer aucune des mesures. Premierem.t en laissant le passage dans le milieu ou il est, ce qui se peut faire en 2 manieres: à scauoir en transposant la cuisine et le gardemanger d'vne main à l'autre, et ne bougeant l'escalier de sa place, ou bien en faisant le mesme eschange, et transposant aussy l'escalier. Et celle cy semble estre plus à propos, d'autant que la Cuisine, l'escalier, et entrée de la Salle estans de mesme costé, le Seruice se fera à couuert. Secondement le changement se peut faire en ostant le passage du milieu pour le situer à l'vne des extremitez, quoy faisant vous poserez la cuisine et le garde manger l'vn contre l'autre, et pourrez eslargir la Cuisine jusques à 10 et 12 pi. que vous gagnerez sur le garde manger, qui n'a pas besoin de si grande largeur, en quoy faisant vous auez election de situer, ou le passage, ou la Cuisine du costé de l'escalier, selon que vous trouuerez l'vn plus à propos que l'autre. Cette distributiõ se peut encore changer en 4 sortes, selon les desseins portez par les figures 3. 4. 5. et 6.e en separãt l'augmentation de la place, tant en largeur qu'en profondeur, à chacun appartemẽt, selon qu'il sera trouué plus conuenable. Et depuis la largeur de 20 pi. iusques à 30, vous ne pouuez rien changer en la forme, mais bien pourrez vous donner 7. ou 8. pi. de largeur à vostre escalier, et le reste à la salle, et autres parties: et lors que vostre largeur excedera 24. pi. il faudra changer l'assiete de vos poutres de la largeur en la profondeur. Pour la profondeur elle ne reçoit point d'autre changem.t que celuy qui est mentionné cy dessus. Et la mesme largeur demeurant côme dessus, si la profondeur n'excedoit point 58. pi. alors il ne faudroit plus parler de faire 2 Cours, mais la distributiõ se pourroit faire en l'vne des 2 manieres suiuantes. La hauteur du I.er et 2.d Estage du corps de logis sur le deuant aura 9. pi. sous soliues, qui seront 9 pi. 8 pou. compris l'epaisseur des soliues et plancher. On y montera par 21 marches, et partant la hauteur de chacune sera de 5 pouces 6. lignes 1 tiers. Du rez de chaussée de la Cour on montera par 2 marches pour entrer en la salle du principal Corps de logis qui est derriere, laquelle Salle aura de haut.r depuis l'aire sous soliues 11 pi. qui sera compris l'epaiss.r des soliues et plancher, 11 pi. 8 pou. Et d'autant que les marches ont 5 pou. 6 lig. 1 tiers de haut, il en faudra 26, dont il y en a 19. en l'escalier, resteront 7 marches, qui serõt pratiquées dedans le rampant qui est sur la Cour. Le 2.d Estage du principal corps de logis aura 10 pi. sous soliues, et 8 pou. d'epaiss.r de plancher, compris les soliues, et partant on y montera par 23 marches de 5. pou. et demy chacune. Le 3.e Estage aura 9. pi. 8. pou. compris l'epaiss.r du plancher, et partant on y montera par vingt et vne marches de 5. pou. et demy chacune. Au dessus seront greniers, ou chambres en galletas de sept a huict pieds sous soliues de hauteur.

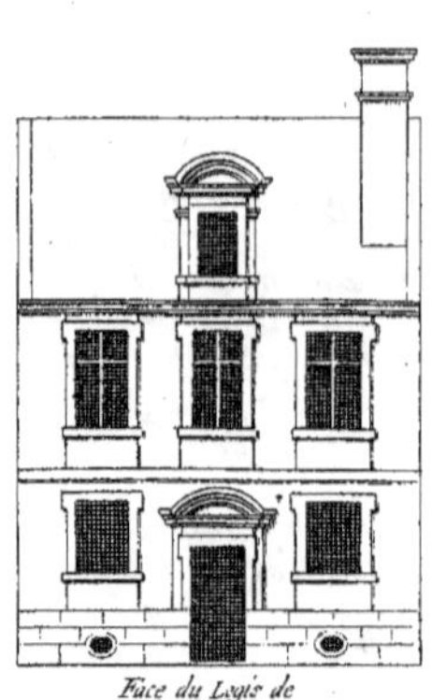

Face du Logis de
deuant.

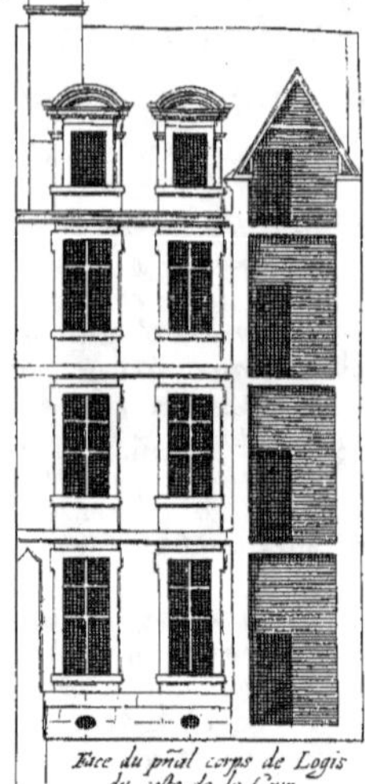

Face du pñal corps de Logis
du costé de la Cour.

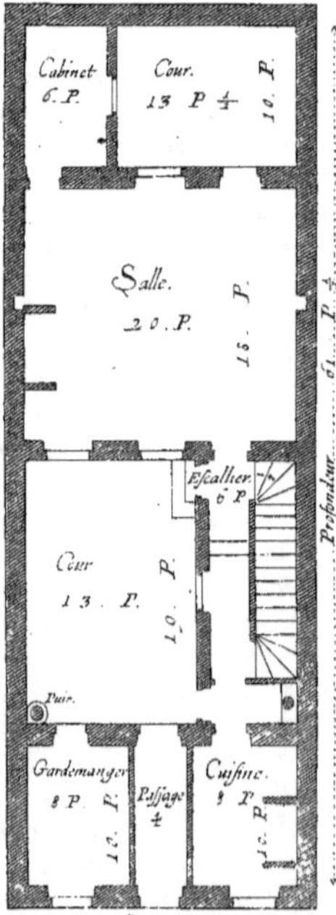

Plan du premier estage.

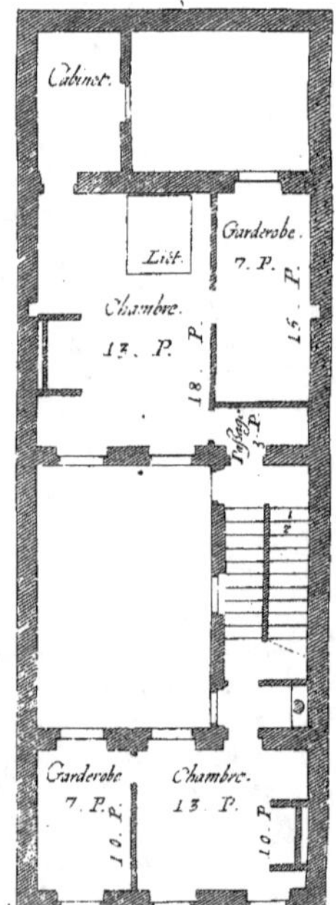

Plan du second estage.

Distribution de la Sixiesme place

de trente pieds de largeur, jusques à trente huit pieds,
et de cinquante huit de profondeur, jusques à Cent.

En la premiere figure de cette distribution qui est la huitiesme en ordre, la largeur de trente pieds est diuisée en vn passage de 4. pieds et demy, et vne Salle de 25. pi. sur 20. de profond.r laquelle est suiuie dela Cour qui à dixneuf pi. de profond.r, et de largeur 21. Et le reste de la largeur employé en vn escalier qui à huit pi. de larg.r dans œuure. Le reste de la profondeur est employé en vn corps de logis derriere, ayant 15. pieds de profond.r, dont la larg.r se diuise en vne cuisine de 19. pi, et vn gardemanger de 10. La distribution du second Estage suit celle du premier, hormis au corps de logis de deuant, ou la chambre aura 20 pi. en quarré, et la garderobe 9. pi. et demy de larg.r Et quand sur la mesme largeur la profond.r se fust trouuée plus grande, en sorte que l'on eust pû pratiquer vne Cour ou jardin sur le derriere, on eust pû faire que le Corps de logis de derriere eust esté éclairé de 2 costez, sans changer la distributiõ des parties. Il faut noter qu'en tous les desseins precedens, à cause du peu de largeur des places, nous auons fait estat de cloisons dáis qui n'ont qu'vn pouce d'éspais.r Aux suiuans ou nou.s auons plus de commodité pour la largeur, nous les supposons de charpenterie et plas= tre, dont les posteaux et sablieres auront de 4 à 6. pou. afin que personne ne se trompe aux nombres par lesquels sont marquès les largeurs et profondeurs de nos apparte= mens, lesquels doiuent tousiours estre entendus dans œuure cõme cy deuant. Il faut aussi prendre garde que iusques icy nous auons tousiours donné 8. pou. pour l'épais.r des soliues et du plancher, qui sont 3 pou. pour l'épais.r du plancher, et 5. pou. po.r celles des soliues, qui estoit suffisam.t pour la petite portèe des Edifices precedens. Mainten.t po.r ceux qui suiuent nous en donnons 9. dont les 6. sont po.r l'épais.r des soliues, et 3 po.r l'é= paiss.r du plastre qui ne croist n'y diminue. Quant aux haut.rs l'aire de la Salle sera plus haute d'vn pi. que le rez de chaussée de la cour, à laquelle Sale on mõtera par 2 marches. La Sale aura de haut.r sous soliues 12 pi. 3. pou. et cõpris les soliues et épais.r du plancher 13. pi; à la= quelle haut.r on mõtera par 26. marches de 6. pou. chacune, dont les 23. seront au rampãt adossé contre le mur, et les 3 autres à celuy qui regarde la cour. Le 2.d Estage aura 11 pi. 9. pou. compris l'épais.r du plancher, laquelle diuisée par 26 marches, nous donnera 5 pou. 5. lig. po.r la haut.r de chacune. Le 3.e Estage aura 10 pi. 9 pou. compris l'épais.r du plancher, laquelle diuisée par 26 marches donnera 5 pou. po.r la haut.r de chacune. Au dessus seront greniers ou chãbres en galletas de 7 a 8. pi. sous soliues de haut.r. Le Corps de logis de derriere sera aussi plus haut d'vn pi. q. le rez de chaussée de la cour, auquel on montera pareillem.t par 2 marches, et aura de haut.r depuis l'aire sous soliues 10 pi. 9 pou. et auec l'épais.r des soliues et plancher 11. pi. et demy, ausquels on montera par 23. marches de l'escalier de 6. pou. chacune. Et po.r le 2.d Estage, il aura de haut.r sous soliues 9 ... 8 pou. et auec les soliues et plancher 10 pi. 5 pou. de laquelle haut.r, il faut déduire ... pi. e. demi pour la haut.r de 3 marches, qui sont au rampant qui regarde sur la Cour. reste 8. ... pou. a monter par des marches qui auront 5 pou. ... ug. chacune, et par= tant il y en aura 20, dont il faudra faire la distribution contre le mur. Au dessus seront greniers ou Chambres en galletas de 7 a 8 pi. sous soliues de haut.r

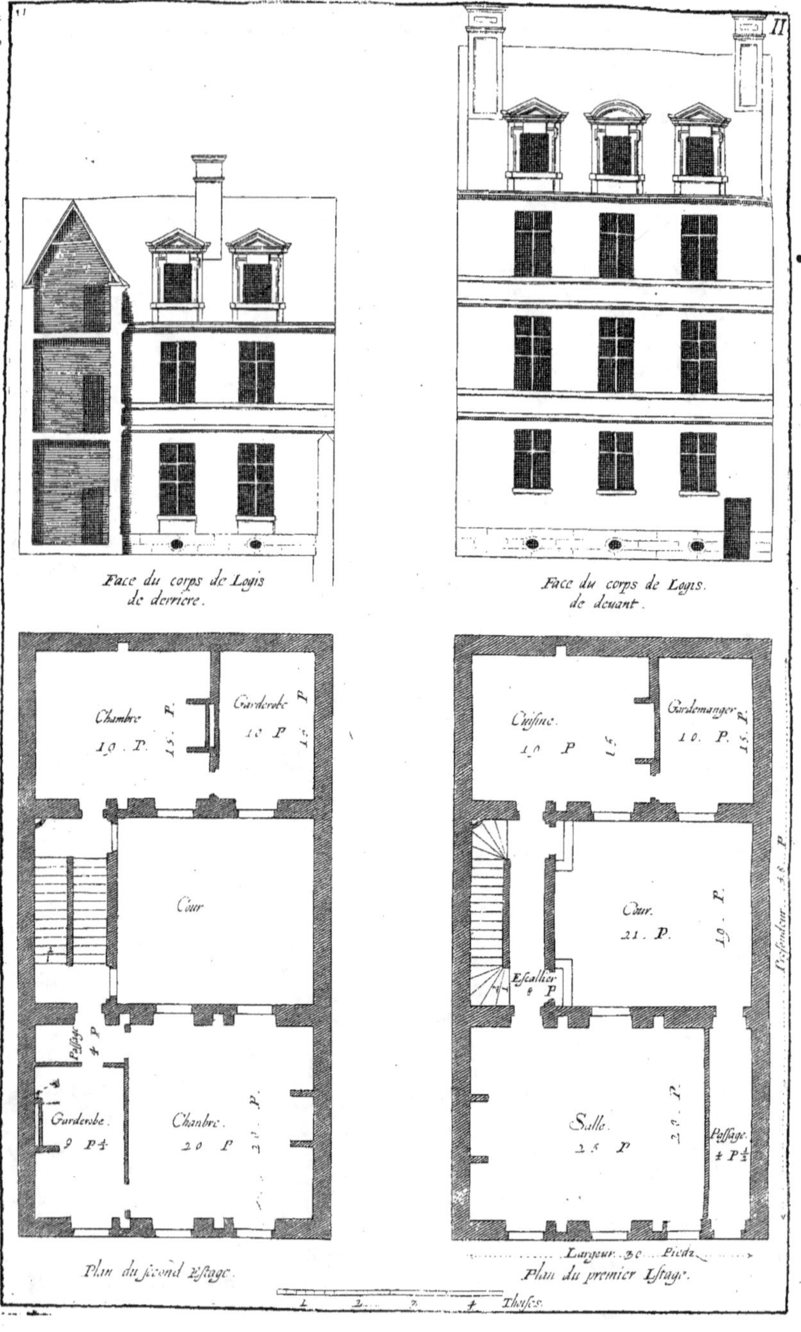

II
Face du corps de Logis
de derriere.
Face du corps de Logis.
de deuant.
Chambre
10. P.
15. P.
Garderobe
10. P.
15.
Cuisine.
10. P.
15.
Gardemanger
10. P.
15.
Cour
Cour.
21. P.
10. P.
Profondeur. 58. P.
Escallier
6. P.
Passage
4. P.
Garderobe.
9. P.½
Chambre.
20 P.
20. P.
Salle.
25. P.
20. P.
Passage.
4. P.½
Plan du second Estage.
Plan du premier Estage.
Largeur. 30. Piedz.
1   2   3   4   Thoises.

Deuxiesme distribution de la 6.e place,

ayant mesme largeur de trente pieds. et de profondeur cinquante huict pieds.

La Seconde distribution de ce mesme espace, suit en largeur la sepa=
ration precedente, en vn passage de quatre pieds et demy, et le reste en
vne Salle de vingt cinq pieds, sur vingt de profondeur, laquelle est
suiuie d'vne Cuisine de dixsept pieds de profondeur, sur vingt de
largeur; et le reste de la largeur est employé en l'escalier, qui a neuf
pieds de large dans œuure; et au bout de la Cuisine est vn garde=
manger de huit pieds de largeur, sur onze de profondeur; derriere
lequel est le priué. Et par ce moyen nous auons fait vn Corps de
logis double, en mettant la Cour derriere, qui a vingt et vn pieds
de largeur, sur dixsept et demy de profondeur.   Il n'y a aucun
changement en l'Estage de dessus, sinon que la Chambre a vingt
pieds en quarré, et la Garderobe neuf pieds et demy en largeur,
ou l'on pourra faire vne Cheminée ainsy qu'il est porté par la
figure cy deuant.   Pour les hauteurs, la Salle aura douze
pieds trois pouces sous soliues, et treize pieds, compris l'epaisseur
des soliues et plancher; auquel Estage on montera par vingt six
marches de six pouces chacune.   Le Second Estage aura onze
pieds neuf pouces de hauteur, compris l'epaisseur du plancher, et
monteront par vingt quatre marches.   Le troisiesme Estage
aura dix pieds neuf pouces, compris l'epaisseur des soliues et plancher,
auquel on montera par vingt deux marches.

   Au dessus se feront greniers ou Chambres et galletas a la ma=
niere susdite

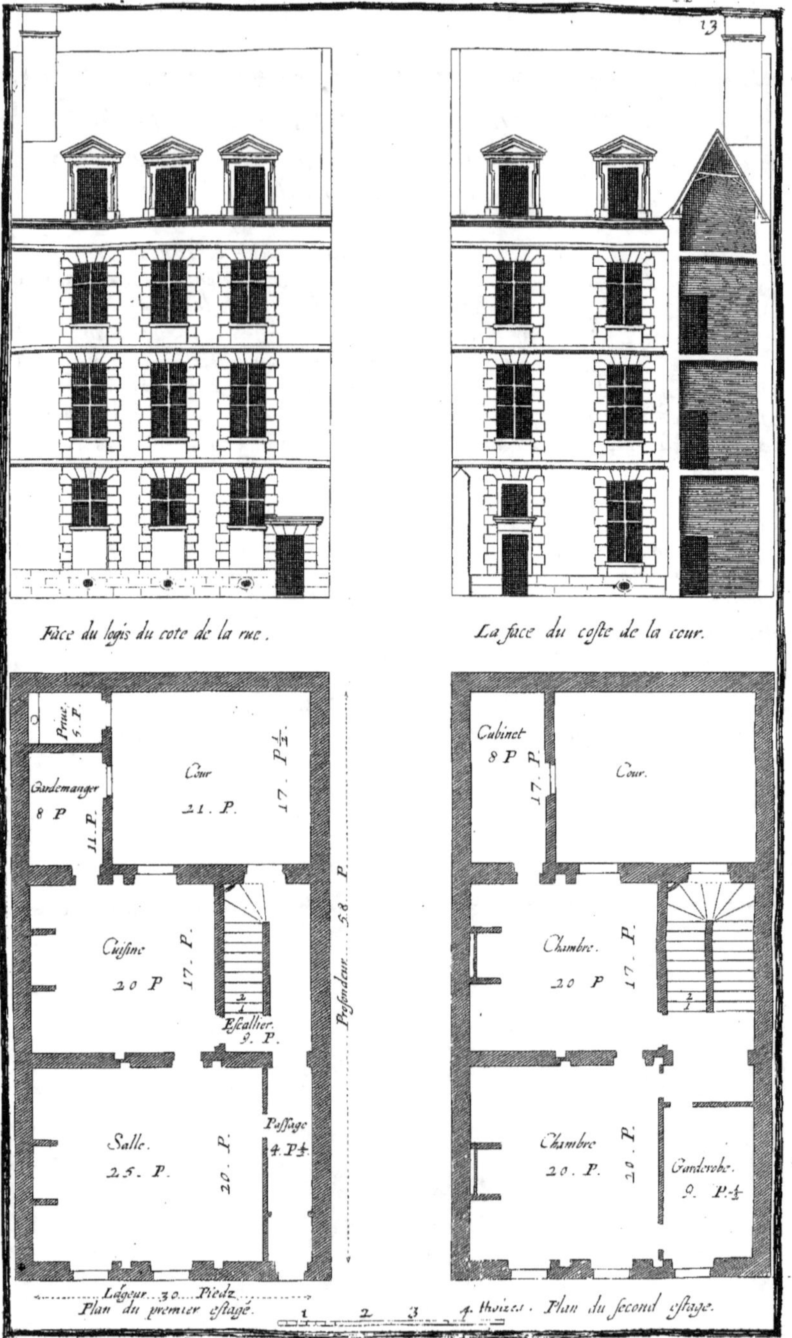

13
Face du logis du cote de la rue.
La face du coste de la cour.
Priue. 5. P.
Gardemanger 8 P
11. P.
Cour 21. P. 17. P½
Cubinet 8 P
17. P.
Cour.
Cuisine 20 P 17. P.
Profondeur.... 58.... P.
Chambre. 20 P 17. P.
Escallier. 9. P.
Salle. 25. P. 20. P.
Passage 4. P½
Chambre 20. P. 20. P.
Garderobe. 9. P½
Largeur 30 Piedz
Plan du premier estage.
1 2 3 4. thoises. Plan du second estage.

⁴ Distribution de la Septieme place,
de trente huict pieds de largeur ou environ,
Et de profondeur Cent pieds.

Cette place n'a qu'vne seule distribution, d'autant que tout le changement qui se peut faire d'icelle peut estre reduit aux deux figures precedentes. Elle a donc trente huit pieds de largeur sur cent pieds de profondeur, et consiste en deux corps de logis: le premier sur le deuant, dont la largeur se distribuë en vne cuisine de quatorze pieds de large sur vingt pieds de profondr., et vne ècurie ayant pareilles dimensions que la cuisine, et vn passage pour carosse entre les deux, de 9. pi. de largeur. Apres suit la cour ayant trente pieds de profondeur sur vingt huit de largeur, et le reste de la largeur sur toute cette profondr. est employè en vn escalier qui a 9. pi. de largeur, et en vn garde-manger de pareille largeur, sur 7. pi. de profondr., ioignant la Cuisine. Le principal corps de logis qui est sur le derriere consiste en vne Salle, ayant 25 pieds de largeur, sur vingt deux de profondr.; et au reste de la largr. est vne chambre ou Sallette, entre laquelle et l'escalier y a vn passage de quatre pi., au fond duquel se pratiquera vn priuè. Au reste de la profondr. sera vn jardin, dans lequel on entrera par la Salle, ou par la Sallette, ainsi que l'on voudra. L'etage de dessus a les mesmes distributions que celuy de dessous, reseruè qu'au corps de logis de deuant sur l'ecurie est vne chambre sur le passage, vne garderobe; et sur la Cuisine vn Cabinet. Il arriuera quelquefois que la place proposèe aura plus de largr. que les susdites, et moins de profondr. qu'il en faudroit pour construire 2 corps de logis, en la situatiõ qu'ils sont aux figures precedentes, et alors il faut changer l'ordonnance selon l'vne des manieres qui sera deduite cy apres. La descente de la Caue se fera par le dessous de l'escalier, tant au principal corps de logis qu'en celuy sur le deuant; et si l'on vouloit du costé de la ruë, par dessous la cheminèe de la cuisine.

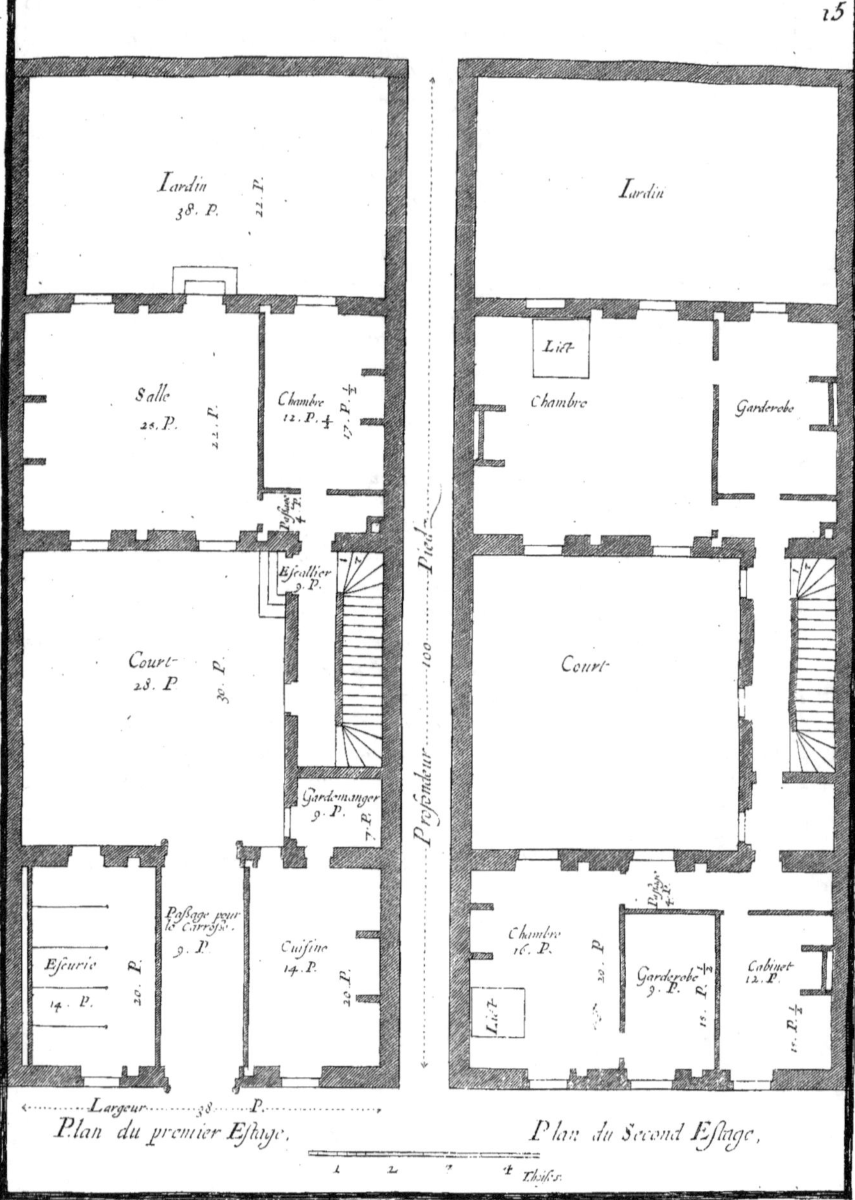

Plan du premier Eftage.

Eleuation de la face tant du Corps de Logis de deuant que celuy de derriere La Septiesme place

Face du Corps de Logis Sur le deuant

Face du Costé de la Cour du principal Corps de Logis

L'aire du Corps de Logis de deuant aura mesme niueau auec celle de la Cour; le premier Estage aura de hauteur 14. pieds 6. pouces soubs soliues, et 15 pieds 3. pouces, compris lepaisseur des soliues, et plancher, auquel on montera par 3. marches de 6. pouces de hauteur chacune, qui sera L'aire du paslier de lescalier et du Corps de logis de derriere, lequel aura de hauteur sous soliues 13 pieds 9. pouces, auquel on montera par 24 marches de 6. pouces 10 lignes chacune, lesquelles vous conduiront tant au Corps de logis de deuant, qu'en celuy de derriere, puis quils ont mesme niueau.

Le Second Estage tant deuant que derriere, sera eleué de 12 pieds sous soliues, et 9. pouces pour lépaisseur des soliues et plancher, auquel on montera par 24 marches de 6. pouces 5. lignes chacune.

Le troisiesme Estage, tant deuant que derriere, aura de hauteur 10 pieds sous soliues et mesme epaisseur et nombre de marches que le second Estage. Au dessus sont les greniers ou Chambres en galletas, de 8. a 9. pieds sous soliues de hauteur.

Distribution de la huictieme place,
Ayant de largeur cinquante pieds sur Cinquante huict de profondeur.

La distribution se peut faire en trois manieres, en la premiere desquelles cette largeur de cinquante pieds est employée en vn corps de logis sur le deuant, de vingt deux pieds de profondeur, dont la largeur se distribue en vne salle de vingt sept pieds et demy, vn passage de huict pieds, et vne escurie de treize. Le reste de la profondeur consiste en vne cour de trente deux pieds de largeur, et le reste de la largeur comprend vne cuisine, gardemanger, et escalier ioignant la salle, dont les mesures sont descrites sur le plan, ainsy que le reste de la distribution, et à l'vn des angles de l'escalier sera le priué. La distribution du 2.ᵈ plan se verra cy apres.

Second Estage de la I.ᵉʳᵉ Distribution
de la huictiesme place.

Le Second estage consiste en deux chambres et vne garderobe; la premiere assise sur la salle, ayant 13 pieds et demy de larg.ʳ sur 17 et demy de profond.ʳ le reste de la profondeur estant employé en vn passage de quatre pieds entre la dite chambre et l'escalier; la seconde chambre ioignant la premiere aura dix neuf pieds de largeur, sur toute la profond.ʳ de vingt deux pieds; la garderobe sera de treize pieds de larg.ʳ sur la mesme profond.ʳ la place du lit de la principale chãbre se peut mettre contre la cloison. Au dessus de la cuisine et du gardemanger sera vne chambre de 16 pi. et demy de larg.ʳ, sur 24 de profond.ʳ, et est à l'optiõ de celuy qui bastit d'elever egale.ˢ les 2. corps de logis, ou autrem.ᵗ ainsi qu'il verra bon estre. L'elevatiõ de la face qui regarde la cour est icy inserée au dessus de l'elevatiõ du 2.ᵈ estage : mais elle n'a besoin d'aucune declaratiõ particuliere pour ce qu'elle ne change point de mesure auec la precedente.

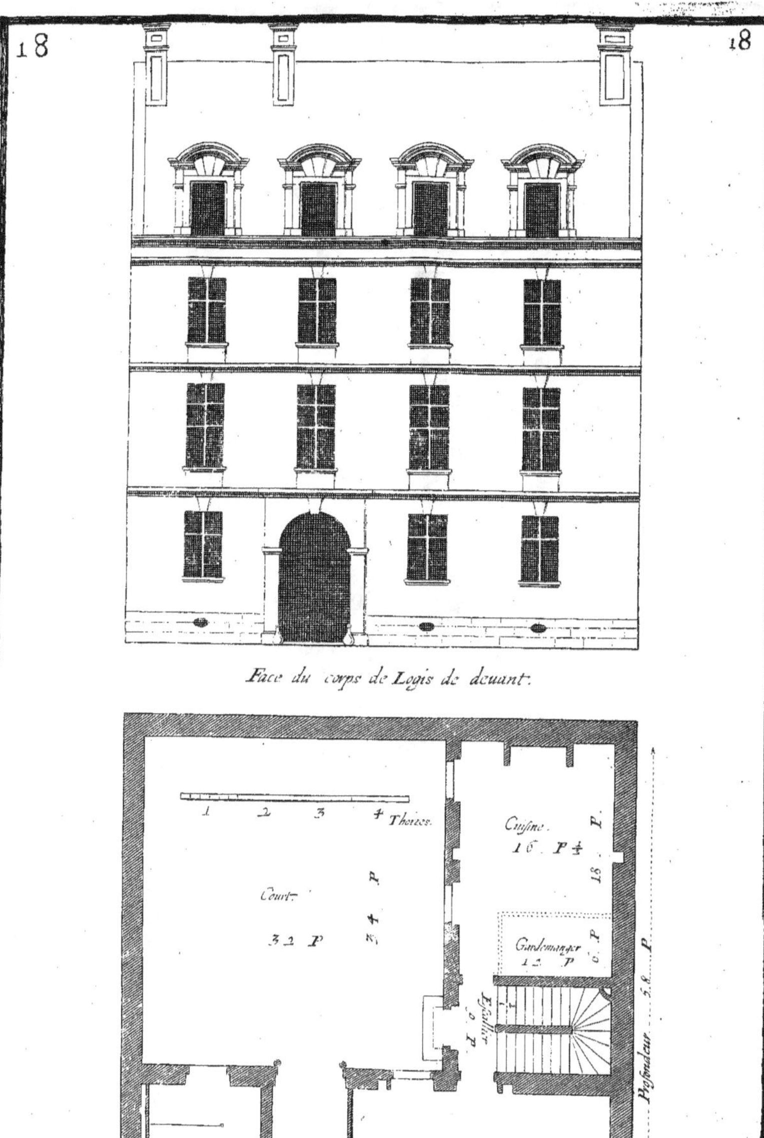
Face du corps de Logis de deuant.
1 2 3 4 Thoises.
Court.
32 P
Cuisine.
16. P ¼.
Gardemanger.
12. P
Escalier.
Profondeur ... 58. P.
Escurie.
13. P
Porte cochere.
8. P.
Salle.
27. P ¼.
Largeur ... 50 ... Pieds.
Plan du premier estage.

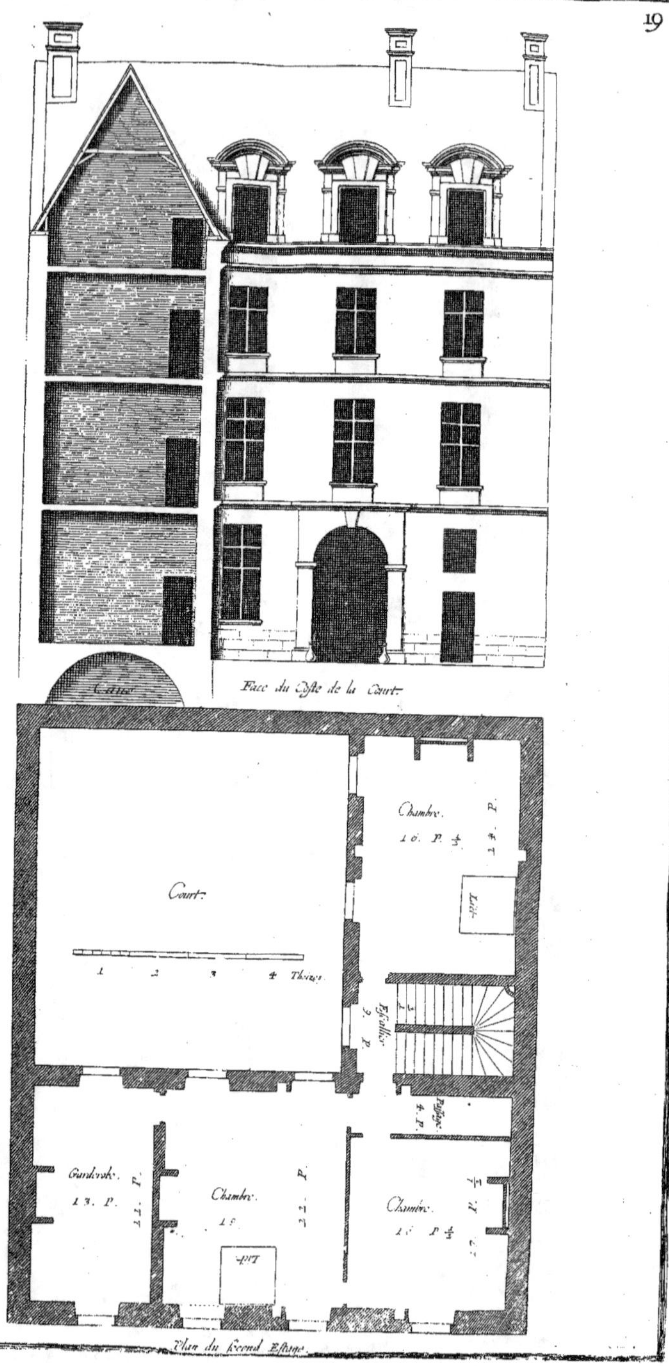
Caue
Face du Costé de la Court
Chambre
10. P. ¾
14. P.
Lict
Court
1 2 3 4 Thoises
Escallier
Passage
Garderobe
13. P.
11. P.
Chambre
Lict
Chambre
Plan du Second Estage

Deuxieme distribution de la 8.e place,

Ayant mesme largeur de 50 pieds, sur 58. de profondeur.

La seconde maniere selon laquelle se peut distribuer l'espace susmentioné, est par vn corps de logis, scitué sur le deuant, ayant de profond.r 38 pieds et demy dans oeuure, sur toute la larg.r, laquelle se distribuera sur le deuant, en vne salle, ayant 30. pi. de largeur sur 20 de profondeur, vn passage de 5 pieds, et vne Escurie de 14. pi. de larg.r. Le derriere comprendra vne Cuisine et vne Chambre, l'escalier estant entre les deux. La Cuisine aura 25. pi. de larg.r sur 17 de profond.r, l'escalier 9. pi., et vne chambre 13 pi. et demy. Au bout de la Cuisine est vn gardemanger ayant 9. pi. de largeur, sur onze pi. et demy de profond.r, derriere lequel sera le priué: l'on pourra mettre à vn des angles de l'escalier vn priué pour seruir en haut. La Cour aura 40 pi. de larg.r sur 17. et demy de profond.r. La descente de la Caue se prendra toute droite sous le premier rampant de l'escalier. Que si on vouloit dedans la mesme pro= fond.r tenir la Cour vn peu plus grande, on pourroit gaigner 2 pi. sur la profond.r de la salle. Pour les hauteurs l'aire du logis sera 2 pi. plus haut que le rez de chaussèe de dehors, et pour y monter vous pourrez auoir diuerses façons. la I.re en prenant vne marche ou deux sur la ruë, et le reste en l'épaiss.r du mur, s'il vous est permis, sinon vous prendrez toutes les marches dans le passage, ainsi qu'elles sont ponctuèes sur le plan. Et pour descendre en la Cour qui aura mesme rez de chaussèe que le dehors (l'écoulement des eaux deduit) on prendra 2 marches dans le passage de l'escalier et 2 au dedans de la Cour, afin de donner échapèe côuenable à la porte de la cour. Le I.er Estage aura de haut.r 13 pi. sous soliues, et 13 pi. 9. pou. côpris l'epais.r des soliues et plancher, auquel on montera par 29. marches de 5 pou. 8. lignes de haut.r chacune. Le 2.d Estage aura de haut.r 12 pi. 9. pou. côpris l'épais.r des soliues et plancher, auquel on montera par 26 marches, qui duront 5 pi. vne lig. de haut.r chacune. Le 3.e Estage aura 10 pi. 9. pou. de haut.r côpris l'épais.r des soliues et plancher, auquel on montera par 26. marches de 5 pou. chacune. Au dessus se feront greniers ou chambres en galetas de 8. a 9. pi. sous soliues.

Second Estage de la 2.e distribũon de la 8.e Place

Ce Second Estage consiste en 2 chambres sur le deuant, et vne garderobe ou cabinet entre deux. La I.ere chambre aura 25. pi. de largeur, sur 20 de profond.r, la garderobe ou cabinet dix pi. de larg.r, sur 15 et demy de profond.r à cause d'vn passage de 4 pi. derriere le dit cabinet. La chambre aura 14 pi. de largeur, sur toute la profond.r, et sur le derriere y aura 2 chambres, et l'escalier entre deux, la premiere de 25 pi. de large, sur 17 de profond.r, l'escal.r de 9. pi. de larg.r. l'autre chã bre ou Cabinet 13 pi. et demy de large, sur toute ladite profond.r de 17 pi. Au bout de la I.ere chambre sur le gardemanger sera vne garderobe sur toute la profõd.r de la cour. Toutes les parties de ces estages sont tellem.t degagèes, qʒ l'on s'en peut seruir ainsi qʒ l'on voudra. Vo.s auez au dessus du plan du 2.d Estage, l'éleuatiõ de la face qui re garde la cour, laq.le po.r n'auoir de mesures separèes, n'a besoin d'aucune particul.re declaratiõ.

La face du Logis de deuant.

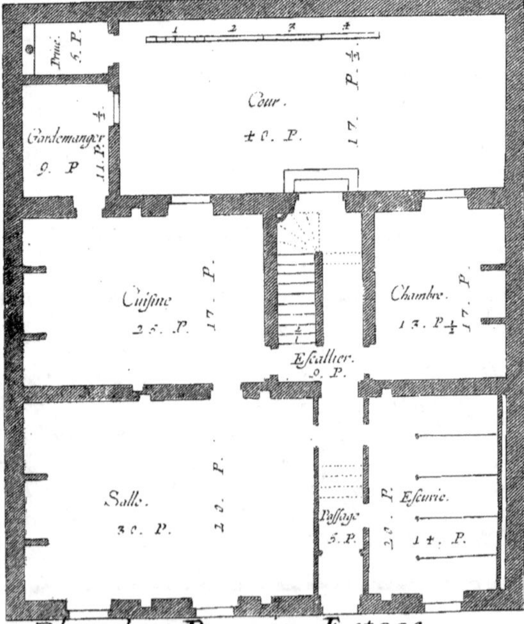

Plan du Premier Estage.

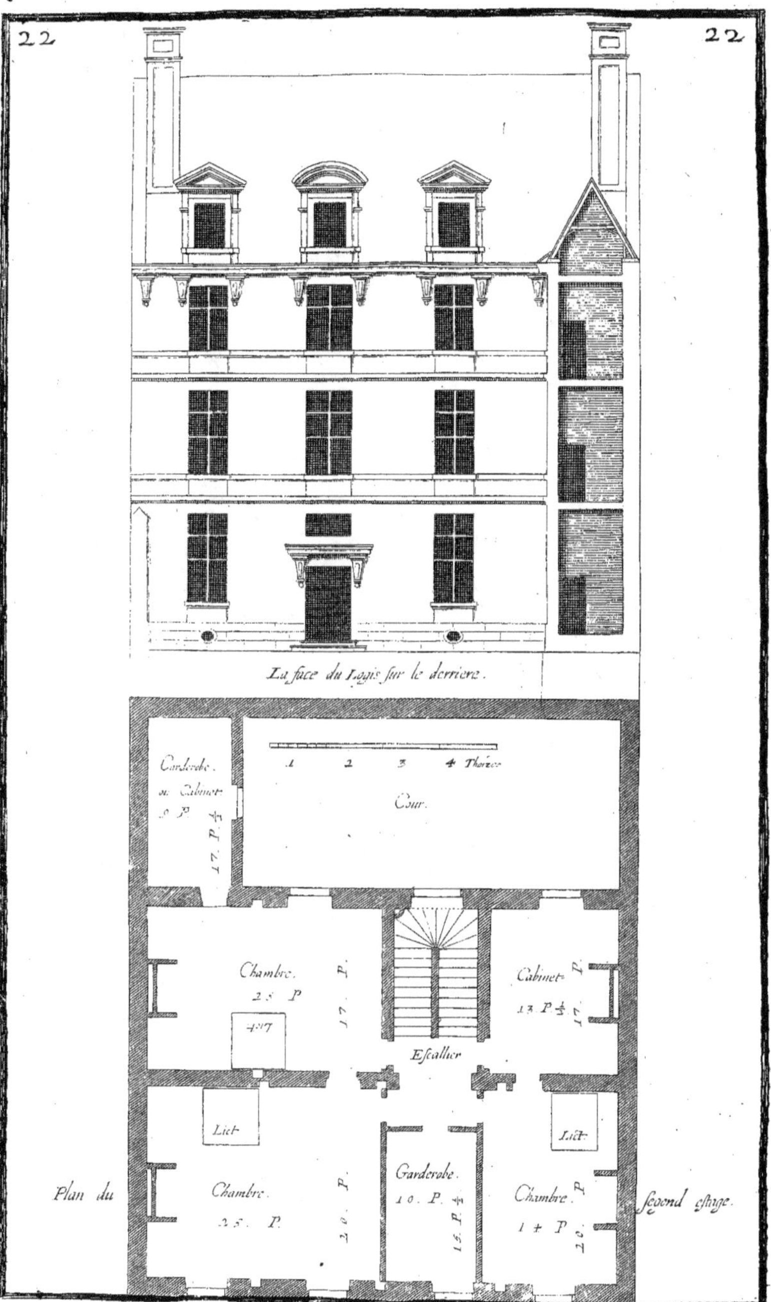
La face du Logis sur le derriere.
Garderobe ou Cabinet
17. P. ¼
Cour.
1   2   3   4 Thoises
Chambre.
25. P
4:7
Escallier
17. P.
Cabinet.
13. P. ½
17. P.
Lict
Lict
Chambre.
25. P.
20. P.
Garderobe.
10. P. ½
16. P. ½
Chambre.
14. P.
20. P.
Plan du
second estage.

Troisiesme distribution de la huictie.^e place de cinquante pieds de larg.^r Sur Cinquante huict de profond.^r

Cette distribution consiste en vn corps de logis double, ayant de profond.^r dans œuure trente six pieds, sur la largeur de cinq.^{te} pieds, laquelle se distribuera en vne Salle, escurie et cuisine, separées de la Salle par vn passage et escalier. Le plan cy à costé vous fera voir le reste des commoditez, et les mesures de chacunes d'icelles. L'aire du logis sera deux pieds plus haut que le rez de chaussée de dehors, pour y monter prenez deux marches sur la rüe, ou dans le passage, ainsy qu'elles sont ponctuées dans ce plan; et pour des = cendre en la Cour, prenez deux marches dans le passage de l'escalier, et deux dans la Cour, afin de donner à la porte son eschapée. Le premier estage aura 13 pieds de hauteur, auquel on montera par trente vne marches, de 5. pou · 8. lignes chacune. Le 2.^d Estage aura douze pieds neuf pou · compris l'epaiss.^r des solives et plancher, auquel on montera par 24 marches de 6. pou · 4 lig. et demy chacune. Le 3.e Estage aura dix pieds neuf pou · de haut.^r compris l'epaisseur des solives et plancher, auquel on montera par 24 marches de 5. pou · 4 lig. et demy chacune. Et au dessus seront greniers ou chambres en ga = letas de 7 a 8 pieds sous solives de haut.^r

Second Estage de la 3.e distributiõ de la huictiesme place

Le Second Estage consiste en deux chambres, chacune accompa = gnée de garderobe et cabinet. la premie.^{re} chambre sur le derriere et sur la Salle aura vingt pieds en quarré, et quinze pieds et demy de profond.^r. la garderobe sur la mesme larg.^r, le Cabinet sera au des = sus du passage et aura 9 pi · de larg.^r sur 12 de profond.^r. la 2.de chãbre sur la Cuisine aura 18 pi · de larg.^r et 20 de profond.^r, et le Cabinet sera sur le derriere au dessus du gardemanger, sur 20 pi · de profond.^r. la garderobe contiendra le mesme espace de l'escurie, sur laquelle elle est assise. Au dessus du plan du second Estage est l'élévation qui regarde la Cour.

Face du corps de Logis de devant.

Plan du 1.er Estage

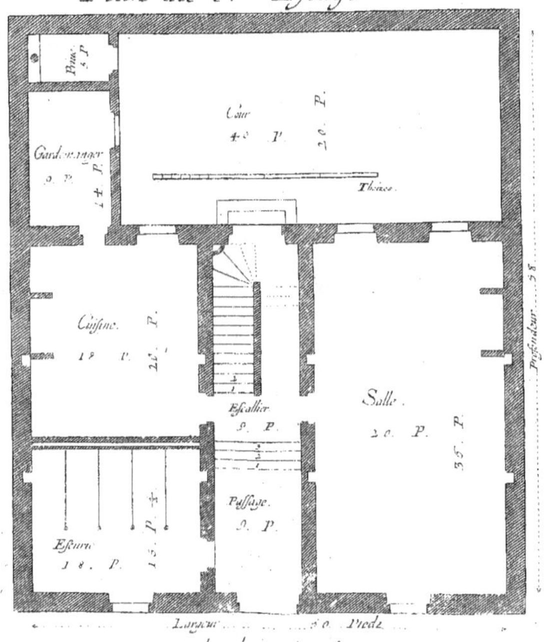

Face du costé de la cour.

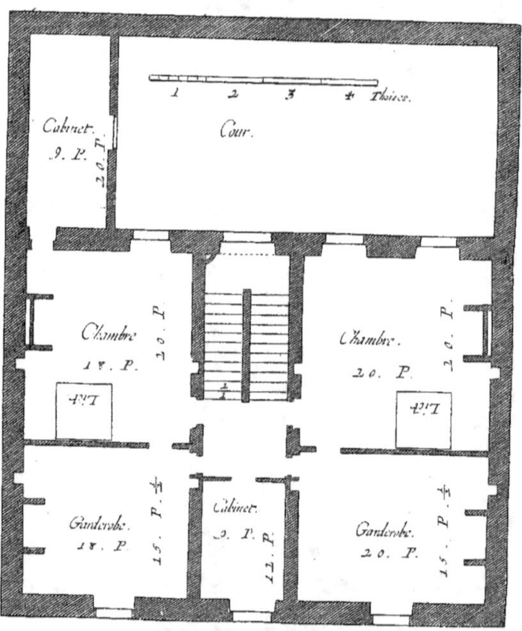

Plan du second estage.

Distribution de la neufieme place, de la largeur de 57 pieds, sur 120 de profondeur.

Cette place se peut distribuer en cinq maniere, chacune des quelles a son dessein particulier : la 1.re contient 2 corps de logis, le 1.er sur le deuant le 2.e sur le derriere celui de deuant aura 20 pieds de profondeur, sa larg.r consiste en vne cuisine de 20 pieds de largeur, vn gar= demanger de onze pieds vn passage pour le carosse de 9, et vne escurie de 15. au bout de la cuisine est vn escalier de 13 pieds et demi de largeur sur 15 de profon deur, derriere l'escalier est vne gallerie de mesme larg que l'escalier, sur 26 pieds de profondeur : a l'un des an gles de l'escalier sera le priué, ou au lieu marqué A, la cour aura 42 pieds en quarré.

Le corps de logis de derriere, aura 22 pieds de pro= fondeur, sur 57 de largeur, et consistera en vne salle de 30 pieds de largeur, vn escalier de 10 pieds, et vne chambre de 15 piez, le Iardin aura 30 pieds de profon deur, sur cinquante sept de largeur.

Second Estage de la 1.re distribution de la 9.e place.

Il est Inutil de faire icy vn denombrement par= ticulier de toutes les parties de ce plan, estant tout tes nommez en iceluy, les chifres vous feront clai rement veoir les mesures de chacunes dicelles.

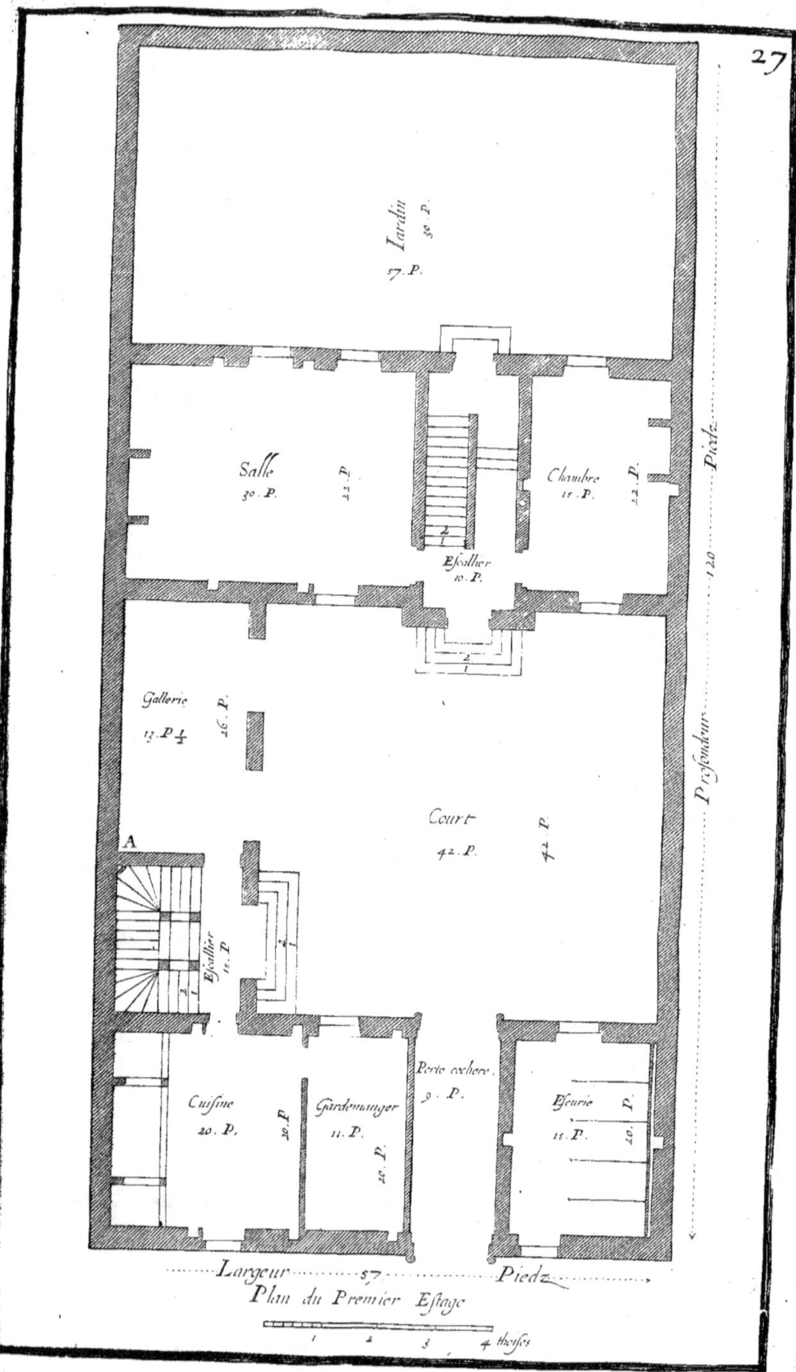

Jardin
30. P.
57. P.
Salle
30. P.
22. P.
Chambre
15. P.
22. P.
Escallier
10. P.
Gallerie
13. P. ½
26. P.
Court
42. P.
42. P.
A
Escallier
15. P.
Cuisine
20. P.
20. P.
Gardemanger
11. P.
20. P.
Porte cochere
9. P.
Escurie
15. P.
20. P.
Profondeur
120
Piedz
Largeur 57 Piedz
Plan du Premier Estage
1 2 3 4 thoises

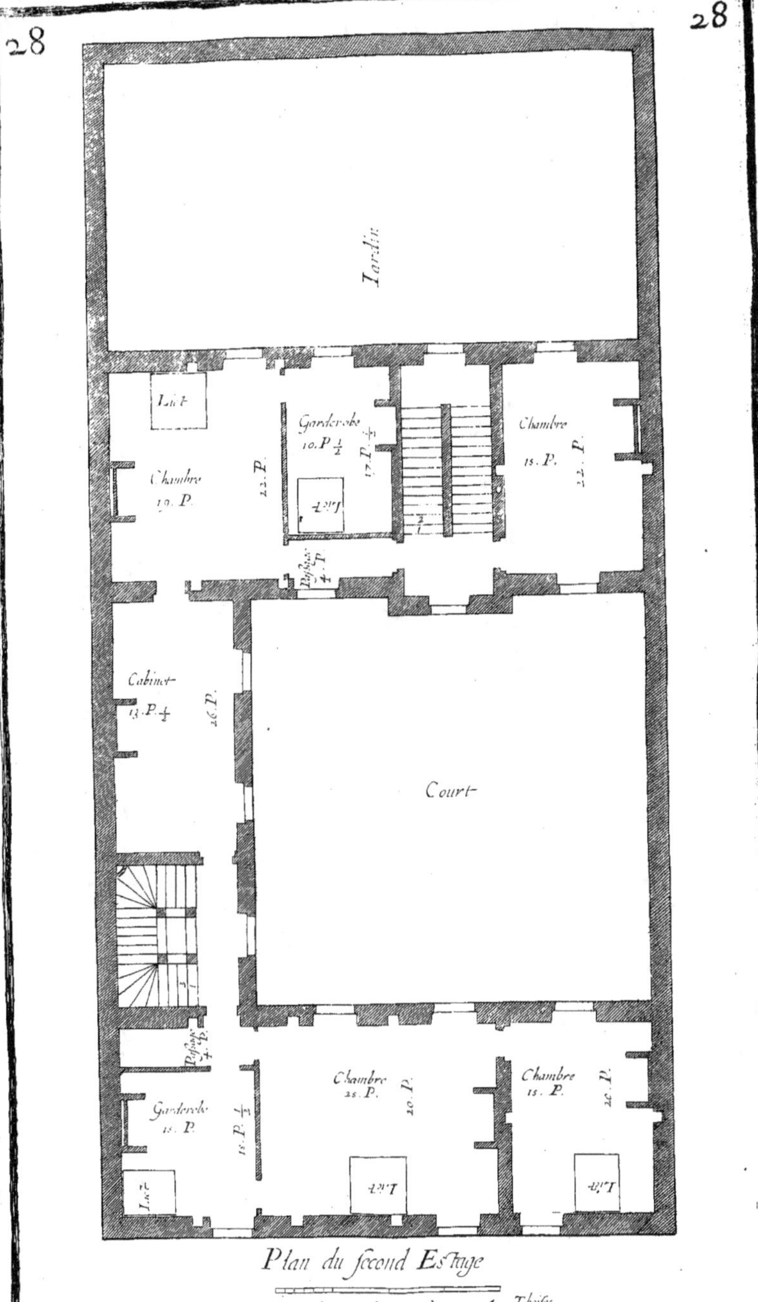

Plan du second Estage

Eleuation du Corps de logis de deuant,
du costé de la Cour de la neufiéme place,
distribuée selon la premiere Maniere.

Le Corps de Logis de deuant, hormis l'Écurie et le paßage sera éleué au=
dessus de l'aire de chaussée de la Cour, de 2 pieds, auquel on montera
par 4. marches prises en la cour alendroit de l'escalier.

La Hauteur du premier Étage, depuis l'aire, sera de 13 pieds neuf
pouces, compris l'épaisseur des soliues et plancher, à laquelle on mon=
tera par 24 marches de 6. pouces 7. lignes de hauteur chacune.

Le Second Étage aura de hauteur 11 pieds 9. pouces compris l'épaisseur
des soliues et plancher auquel on montera par 25. marches de 6.
pouces 1. ligne chacune.

Le troisiéme Étage aura méme hauteur que le second.

Et audessus sont les greniers où chambres en galletas de 8. a 9.
pieds sous soliues de hauteur.

Élevation du Principal Corps de Logis du
costé de la Cour de la neufiesme place, distribuée selon la premiere maniere, le quel
Corps de Logis est celuy de derriere.

Le Corps de Logis de derriere sera éleué au dessus du
rez de chaussée de la cour, de 2 pieds, au quel on montra par
4 marches, prises en ladite cour; et po.r descendre de l'aire du logis
au Iardin, on prendra 2 marches au passage de l'escalier, et deux
dedans le jardin.
La Hauteur du 1.er Etage, sera 13 pieds 9 pouces, compris l'épaisseur des Solives et plancher, a la quelle hauteur on montera par
28 marches de 5 pouces 11 lignes chacune miparties sur les 2 rampans de l'escalier. Le Second Etage aura 12 pieds 9 pouces, compris l'epaisseur des Solives et plancher, au quel on montera par
28 marches de 5 pouces et demy chacune.
Le troisieme Etage aura de hauteur unze pieds 9 pouces,
compris l'epaisseur des Solives et plancher, a la quelle hauteur on montera par 28 marches de cinq pouces chacune.
Au dessus seront les greniers ou chambres en galetas, de
huit à neuf pieds sous Solives de hauteur.

Seconde distribution de la neufiesme place,
de mesme largeur de cinquante sept pieds,
Sur six vingt de profond.

La seconde distribution de l'espace susmentionné, consiste en deux corps de lo=
gis, l'vn sur le deuant, l'autre sur le derriere. le I.er ayant vingt pieds de profondeur,
dont la largeur consiste en vne escurie, porte cochere, et cuisine. L'escurie à double
rang à de largeur vingt trois pieds et demy; le passage pour le carosse neuf pi. et
la cuisine vingt deux et demy, à costé de laquelle est le gardemanger de dix pieds
de larg.r sur onze de profond.r à vn des angles duquel sera le priué; Ensuite du
gardemanger est l'escalier, sur la mesme largeur de dix pieds, et vingt quatre de
profond.r. La Cour aura trente quatre pieds de larg.r sur toute la profond.r de l'escal.r
et gardemanger, qui font trente six pieds, y compris l'épaiss.r du mur entre le gardemanger et l'escalier. le reste de la larg.r est employé en vn escalier ioignant l'escurie,
et vne gallerie au bout; l'escalier à 10. pieds en quarré, et la gallerie 25 de profond.r
sur pareille larg.r, dans laquelle on pourra mettre les carosses, et derriere les carosses au lieu marqué (A) se pourra mettre vn priué. Le corps de logis de derriere,
qui est le principal, aura de profond.r 22. pi, sur toute la larg.r de 57. il consiste en
vne salle qui à trente six pieds de larg.r, et vne chambre de dixneuf pieds et
demy. Aux deux angles de ce corps de logis, se pourront faire par le dehors,
dans le iardin, deux petites aduances pour priués, qui ne seront esleués que iusques au second estage; le iardin aura trente six pieds de profondeur sur toute la
larg.r, dans lequel on descendra par vn perron.

Second Estage de la deuxie͠ distribution
de la neufiesme place.

Ce Second estage consiste en deux chambres, au milieu desquelles est vne garderobe; la premiere assise sur la cuisine, ayant vingt trois pieds de largeur, la
garderobe douze, sur quinze pieds et demy de profondeur, a cause du passage,
elle sera pour seruir à l'vne des deux chambres. et la deuxieme chambre sur
l'escurie aura vingt pieds. en quarré, ioignant la premier.e chambre. et dessus
le gardemanger sera vn vestibule de mesme grandeur et forme que le gardemanger; et de l'autre costé de la cour sera vne gallerie entre l'escalier et le
principal corps de logis, qui aura vingt cinq pieds de profondeur, et consistera
en deux chambres et vne garderobe. La premiere ioignant la gallerie aura dix
neuf pieds et demy de largeur; la seconde vingt trois; et la garderobbe treize,
pieds, sur dixsept pieds et demy de profondeur. a cause du passage de quatre
pieds, aux deux angles du corps de logis, dans le iardin se feront deux aduances pour les priués.

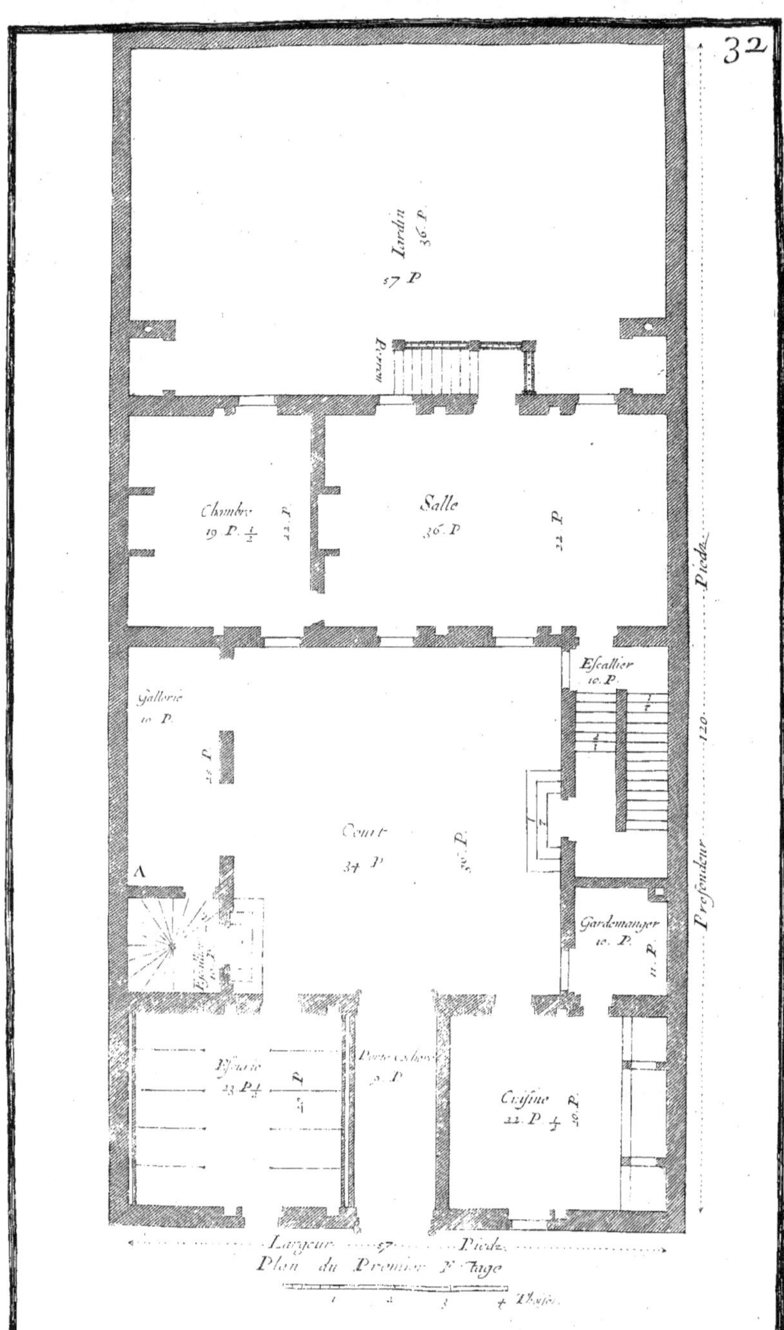

Jardin
36. P
57 P
Chambre
19 P. ½
22 P
Salle
36. P
22 P
Gallerie
10. P
22 P
Escallier
10. P
Court
34 P
36. P
Gardemanger
10. P
22 P
Escurie
23 P ½
22 P
Porte cochere
9. P
Cuisine
22. P ½
10. P
Profondeur
120
Pieds
Largeur 57 Piedz
Plan du Premier Etage
1 2 3 4 Thoises

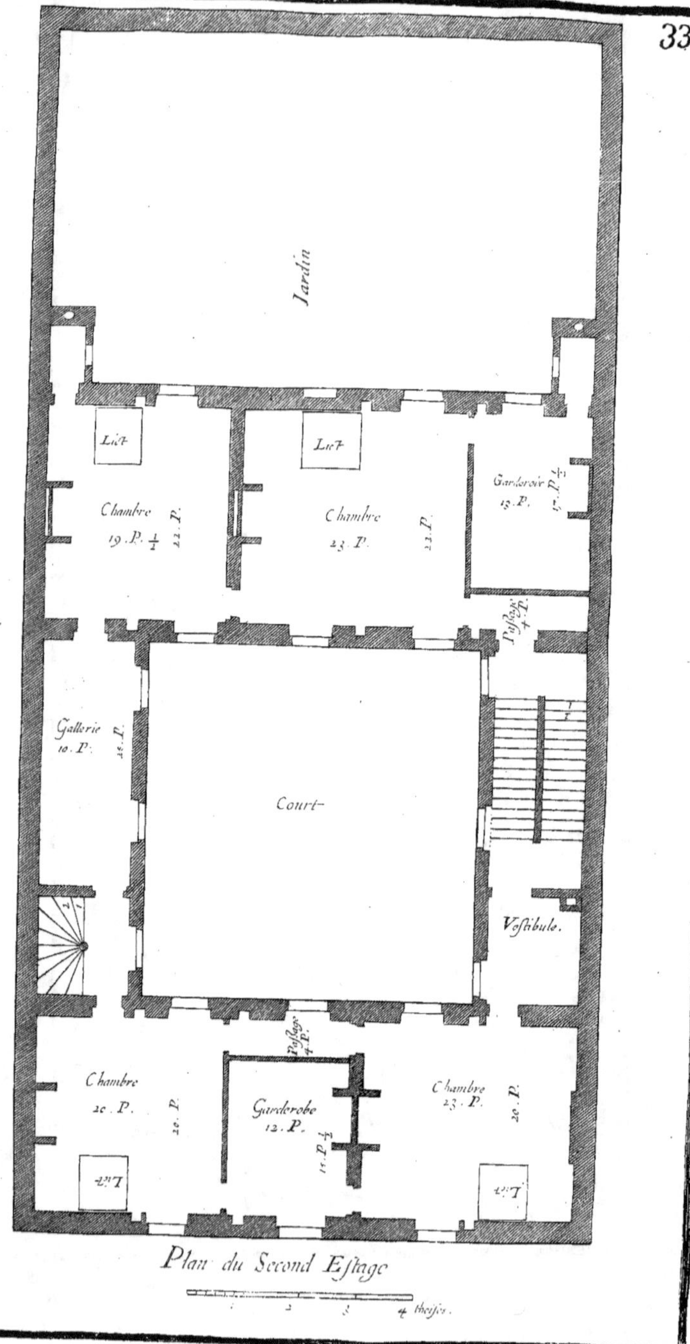

Plan du Second Estage

34.ᵉ Elevation du Corps de logis de deuant,
qui regarde la Ruë de la 9.ᵉ place,
distribuée selon la 2.ᵈᵉ maniere.

Le Corps de logis de devant, à mesme rez de chaussée que
celuy de la Cour, qui est 19. pieds, divisé la hauteur au dessus
de la Cuisine et de léscurie, par vne Entresole de dix pieds sous
solives et plancher, dix pieds neuf pouces; a léntresole au dessus de léscurie, l'on montera par quinze marches, de huit pou
sept lignes de hauteur chacune. Le reste de la hauteur, depuis le
le plancher de léntresole jusqu'a celuy du premier Estage sous
soliues, sera 8. pieds 3. pouës, à laquelle hauteur on montera
par treize marches de huit pouces quatre lignes chacune. a
Léntresole au dessus de la cuisine on montera par 3. marches
de la cour, de six pouces chacune, pour venir à l'aire du paslié
du principal escalier, et au rampant du costé de la cour se prendront sept marches de six pouces chacune, pour venir sur le
paslier de léscalier ioignant la Salle; et dans l'autre rampant
contre le mur, se prendront quinze marches de cinq pouces onze
lignes chacune.

Eleuation du Corps de Logis de derriere,
Qui regarde la Cour de la neufiesme place,
Distribuèe Selon la seconde Maniere.

Le Corps de logis de derriere aura ses offices au dessous du logis, qui auront neuf pieds sous soliues ou sous voute, dont les 4 pieds 9 pouces seront au dessus du rez de chaussèe de la cour, et l'on y descendra par 9 marches de 6 pouces 4 lignes chacune, acause des 3. marches qui auront esté montèes depuis la cour. Les autres 4 pieds 3 pouces au dessus, feront auec l'espaisseur des soliues et plancher 5. pieds, lesquels on montera par 10 marches, dont les 3 seront en la cour, et les autres 7 au rampant de l'escalier qui est sur la cour, come à esté dit cy dessus.

Le 1er estage depuis l'aire de la salle jusques sous soliues aura 14 pieds, et compris l'espaiss.r des soliues et plancher, 14 pieds 9. pouces, auquel on montera par 30. marches, ayant 5 p.ces et 1.e ligne de haut.r chacune, lesquelles seront distribuèes par moitié sur chacun rampant, come à esté dit en l'éléuation du corps de logis de deuant.

Le 2.d Estage aura de hauteur 12 pieds sous soliues, et compris l'espaiss.r des soliues et plancher, 12 p.ds 9. p.ces, auquel on montera par 26. marches de 5. p.ces 11. lig. chacune de haut.

Le 3.e estage aura de hauteur 10 pieds 9 pouces, compris l'espaisseur des soliues et plancher, auquel estage nous monterons par des marches egales en hauteur à celles du second estage de 5 pouces 11. lignes, et partant y en aura 22.

Au dessus se pourront faire des greniers.

Troisiesme distribution de la 9.me place,
de mesme larg.r de cinquante sept pieds,
sur six vingt de profondeur.

La Troisieme distribution du mesme espace de 57. pieds en larg.r sur six vingt de profond.r, consiste en deux corps de logis, l'vn sur le deuant, l'autre sur le derriere. le I.er ayant vingt pi. de profond.r, sur toute la larg.r, laquelle se distribüe en vne escurie de dix neuf pi, vn passage pour carosse de neuf pi, vn escalier de neuf pieds, et la cuisine de dixsept pi, au bout de laquelle est vn gardemanger de neuf pieds de profond.r sur douze et demy de large; et vn passage de quatre pieds de large, pour aller dans la cuisine. Et ces deux largeurs faisant dixsept pi, font celle d'vne chambre ensuite du dit gardemanger, laquelle à quinze pi. et demy de profond.r et au bout dicelle est vn autre escalier, la larg.r duq.l aura son assiette selon la profond.r de l'édifice, consideré en son total; et partant nous vserons de ce mot de profond.r qui sera de dix pi. sur 17. de large. La Cour aura le reste de la larg.r qui est trente huit pieds et demy, sur trente six de profond.r. Le corps de logis de derriere qui est le principal, aura vingt deux pi. de profond.r sur toute la larg.r. jl consiste en vne Salle de trente quatre pieds, et vne chambre de vingt deux en quaré. Aux angles tant de la Salle que de la chambre, s'aduanceront dans le jardin 2 cabinets de 8. pi. de larg.r sur 10 de profond.r. Le jardin aura 36 pi. de profond.r sur toute la larg.r auquel on descendra par quatre marches.

Second Estage de la 3.e distribution
de la neufiesme place.

Ce secõd estage consiste en vne chambre au dessus de l'escurie, ayãt de larg.r 19. pieds, sur toute la profond.r de 20 pieds, vne garderobe de neuf pieds de large, sur quinze pieds et demy de profond.r a cause d'vn passage de quatre pieds, qui est derriere, vn escalier de 9. pi. de large, et vne chambre de 17 pi. à costé de laquelle est vne garderobe de mesme largeur, sur 9 pi. de profond.r et vne chambre de seize pieds, tousiours sur la dite larg.r de dixsept. au bout de laquelle chambre se rencontre l'escalier, puis le corps de logis principal, lequel consiste en deux chambres, chacune garnie de son cabinet, et vne garderobe au milieu. La premiere joignant l'escalier, aura 18 pi. et demy de larg.r sur 17 et demy de profond.r. la garderobe aura 15 pi. de larg.r sur 17 pi. et demy de profond.r et derriere les dites chambres et garderobe sera vn passage de 4 pi. pour leur desgagement; l'autre chambre qui est la principalle, aura 22 pi. en quaré; et à l'angle de chacune des chambres, s'aduancera dans le jardin vn cabinet de huit pi. de largeur, sur dix de profond.r.

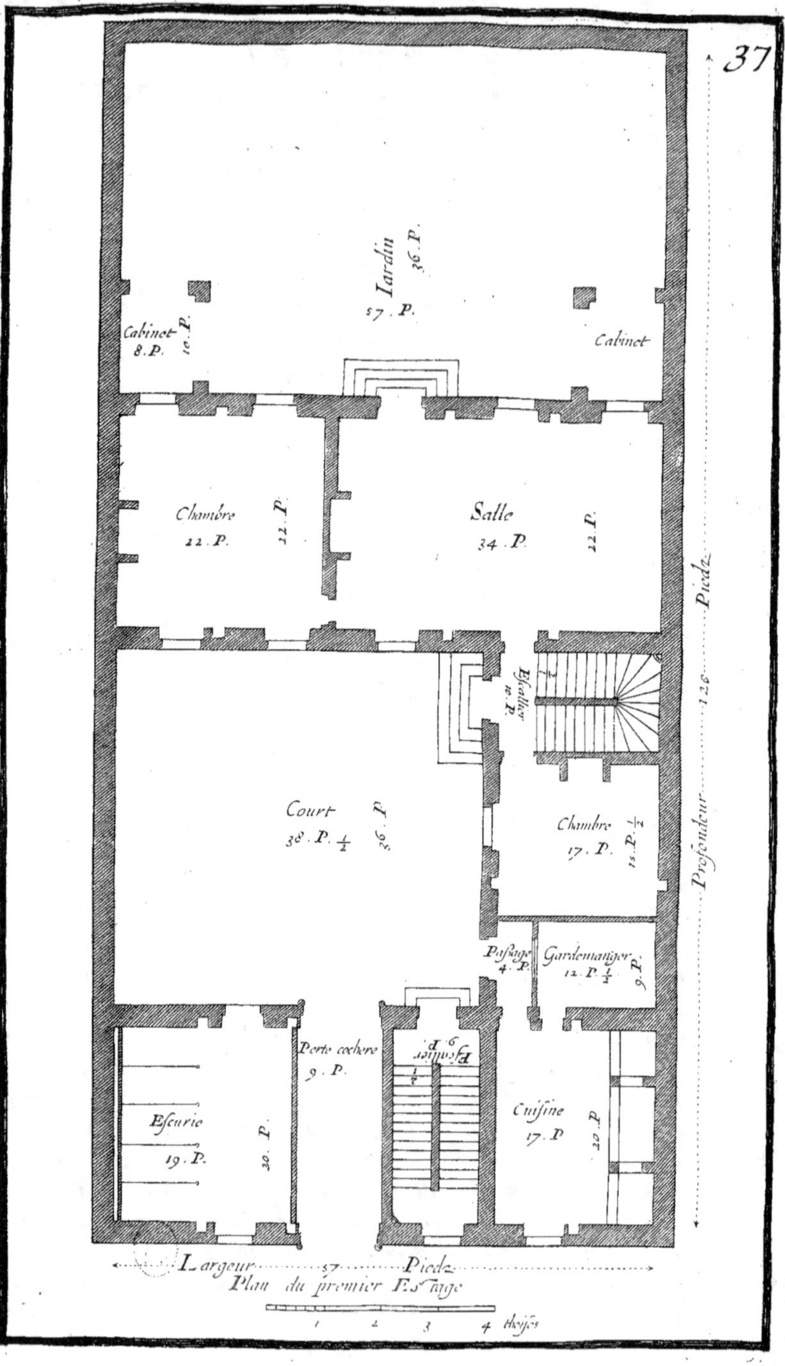

Iardin
36. P.
57. P.
Cabinet
8. P.
10. P.
Cabinet
Chambre
22. P.
11. P.
Salle
34. P.
22. P.
Escalier
10. P.
Court
38. P. ½
26. P.
Chambre
17. P.
15. P. ½
Passage
4. P.
Gardemanger
12. P. ½
9. P.
Profondeur
126
Piedz
Porte cochere
9. P.
Escalier
9. P.
Escurie
19. P.
20. P.
Cuisine
17. P.
10. P.
Largeur
57
Piedz
Plan du premier Estage
1   2   3   4   Thoises

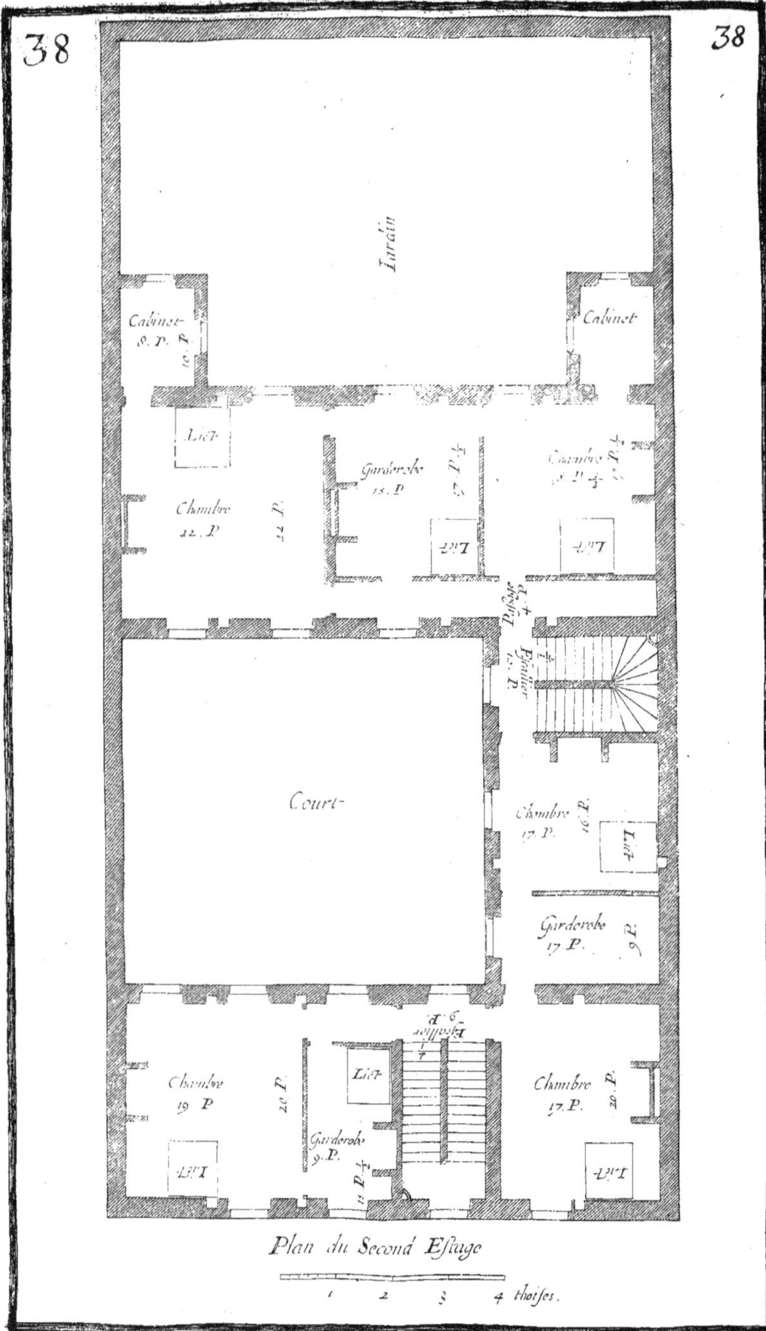
38
38
Jardin
Cabinet
8. P.
Cabinet
Lict
Garderobe
15. P.
Chambre
9. P. 1/4
Chambre
22. P.
Lict
Lict
Court
Escalier
12. P.
Chambre
17. P.
Lict
Garderobe
17. P.
Escalier
9. P.
Lict
Chambre
19 P.
Garderobe
9. P.
Chambre
17. P.
Lict
Lict
Plan du Second Estage
1   2   3   4 thoises

Eleuation de la Face qui regarde la Rue
du corps de Logis de deuant de la neufiesme place, distribuee selon la troisieme maniere.

Le corps de Logis de deuant, excepté l'escalier, a mesme rez de chaussée que celuy de la court, et aura de hauteur, de puis l'aire, quinze
pieds, et auec l'espaisseur du plancher, quinze pieds neuf pouces.

L'aire de l'escalier aura vn pied audessus du rez de chaussée, auquel
on montera par deux marches dans la court : restera 14 pieds 9.
pouces, ou l'on montera par 28. marches de six pouces quatre
lignes chacune.

Le Second Estage aura 12. pieds, et neuf pouces pour l'espaisseur des
Soliues et plancher, auquel on montera par 28. marches de cinq
pouces et demy chacune.

Le troisieme Estage qui consiste en chambres galetas, aura 10. pieds
9. pouces compris l'espaisseur des soliues et plancher, auquel on
montera par marches comme les precedentes.

4º *Eleuation du principal corps de Logis sur le derriere, et qui regarde la cour de la neufiesme place, selon la troisiesme distribution.*

L'aire du Corps de logis de derriere, et de la chambre joignant l'escalier, est eleué de deux pieds au deſsus du rez de chauſsée de la cour: les quels on montera par quatre marches.

Le 1.ᵉʳ Estage depuis l'aire de la salle aura 13. pieds 9. pouces auquel on montera par 27. marches de 6 pou. chacune.

Le deuxieme Estage aura 12. pieds 9. pouces, auquel on montera par 27 marches de cinq pouces 8. lignes chacune.

Le troisiesme Estage aura onze pieds 9. pouces auquel on montera par 27 marches de 5. pouces 8. lignes.

Au deſsus du troisiesme Estage, sera vn grenier ou chambre en galetas de 10. pieds.

42 **Quatriesme Distribution de la 9.me place de cinquantesept pieds de largeur sur 120 de profondeur.**

Cette quatriesme distribution de 57 pieds en largeur sur 120. de profondeur, consiste en deux corps de logis : l'vn sur le deuant, l'autre sur le derriere Vous verez dans le plan cy a costé la distribution entiere de cette place, les commoditez proportions et mesures de chaque partie.

Second Estage de la quatriesme distribution de la neufiesme place

Le second Estage consiste comme le premier en deux corps de logis l'un sur le deuant et l'autre sur le derriere. la regularité et exactitude des plans 42 et 43. vous fera veoir clairement toutes les commoditez proportions et mesures de chacunes d'Icelles.

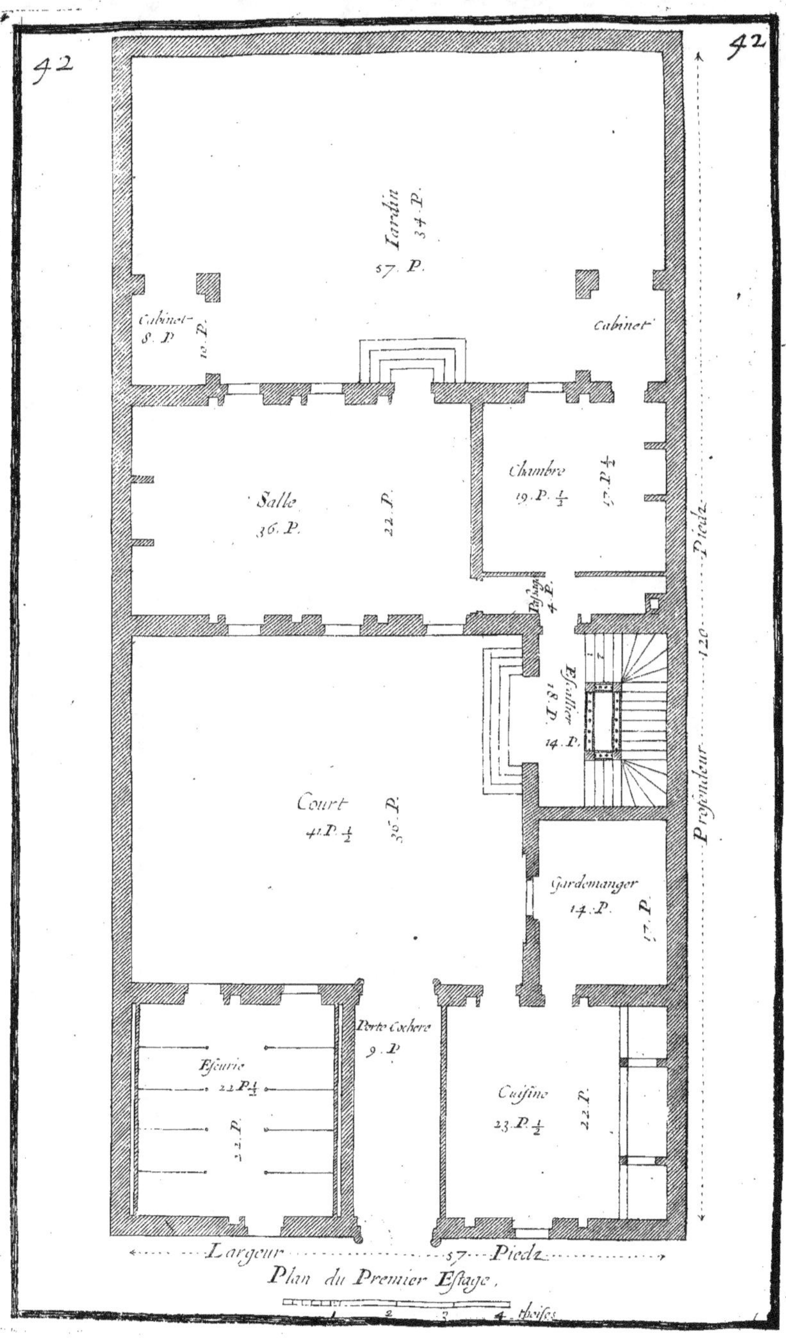

Plan du Premier Estage.

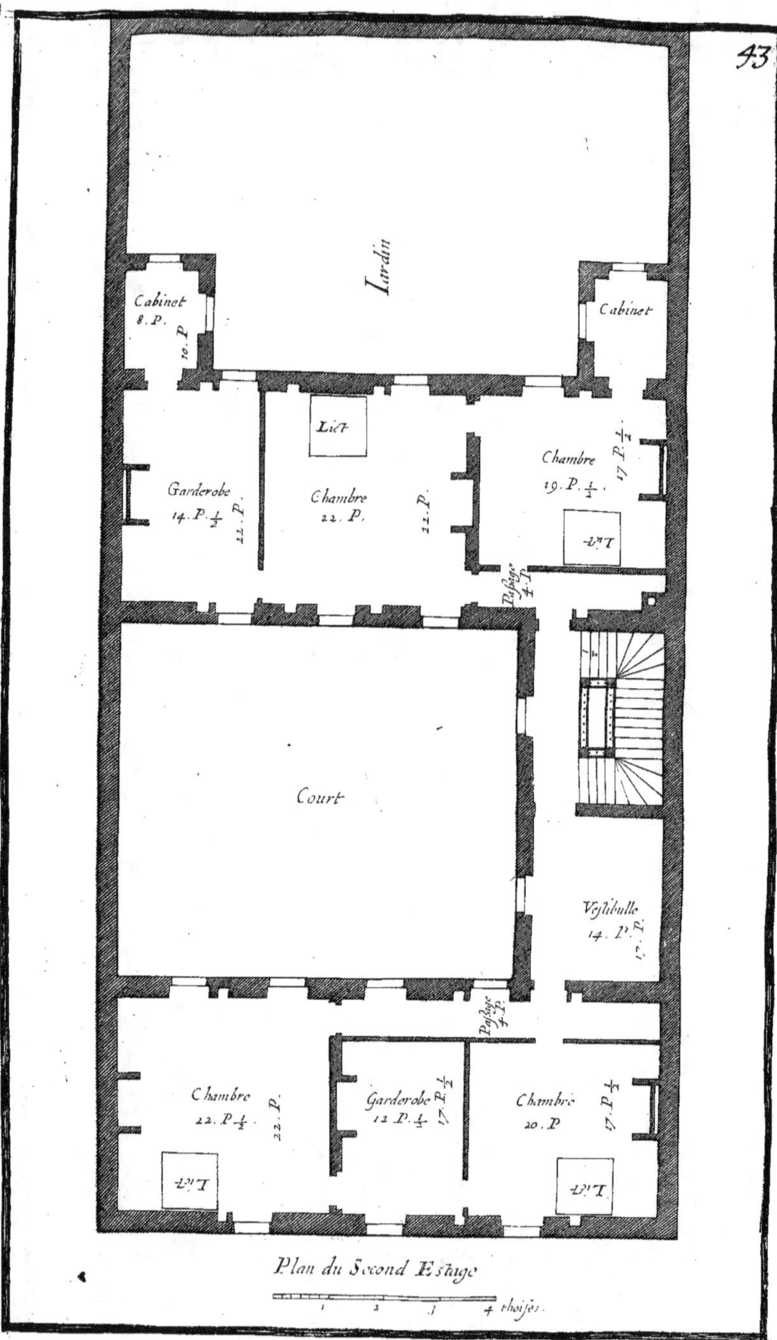

43
Iardin
Cabinet
8. P.
10. P.
Cabinet
Lict
Chambre
19. P. 1/2
17 P. 1/2
Garderobe
14. P. 1/2
11. P.
Chambre
22. P.
11. P.
Lict
Passage
4. P.
Court
Vestibulle
14. P.
17. P.
Passage
4. P.
Chambre
22. P. 1/2
22. P.
Garderobe
12 P. 1/4
17 P. 1/2
Chambre
20. P.
17. P. 1/2
Lict
Lict
Plan du Second Estage
1   2   3   4 thoises.

Elevation de la face qui regarde la rue, du
corps de logis de deuant de la neufieme place,
distribuee selon la quatriesme maniere.

Le Corps de Logis de deuant, a mesme rez de chaussée que
celui de la cour, et aura de hauteur 15 pieds et demi, et auec l'espaisseur des soliues et plancher, seize pieds trois pouces; au
quel on montera par 31 marches, sçauoir 4 en la cour, de deux
pieds; et 27 en l'escalier, qui auront 6 pouces 4 lignes chacune.
Le Second Estage aura 12 pieds sous soliues, et 12 pi. 9 pouces,
compris l'epaisseur des soliues et plancher, au quel on montra
par 27 marches de cinq pouces huit lignes chacune.
Le troisiesme Estage aura dix pieds et demy sous soliues et
vnze pieds trois pouces, compris l'epaisseur des soliues et plancher, au quel on montera par vingt quatre marches de pareille
hauteur que celles du second Estage, qui sont 5 pouces 8 lignes.
Et au dessus se feront des chambres en galetas, de 9 pieds
sous soliues de hauteur, ou bien des grenieres, si l'on veut.

Elevation du corps de Logis principal qui est sur le derriere, en la Face qui regarde la cour de la neufiesme place, selon la 4.me distribution.

L'aire du corps de Logis principal, ensemble le paslier de l'escalier, sera esleue de deux pieds au dessus du rez de chaussée de la cour; les quels on montera par quatre marches que nous auons dit estre en la cour.
Le premier Estage aura treize pieds et demy depuis l'aire sous soliues et 14 pieds trois pouces compris l'epaisseur des soliues & plancher, auquel on montera par 27 marches de six pouces 4 lignes chacune.
Le second Estage aura 12 pieds sous Soliues, et neuf pouces pour l'epaisseur des soliues et plancher, au quel on montera par 27 marches de cinq pouces huit lignes chacune.
Le troisiesme Etage aura dix pieds et demi sous soliues et vnze pieds trois pouces compris l'epaisseur des Soliues et plancher, auquel on montera par 24 marches de 5 pouces 8 lignes.
Et au dessus se feront greniers ou chambres en galetas de neuf pieds sous soliues de hauteur.

Cinquiesme Distribution de la 9.me place, de 57 pieds de largeur, ſur 120. de profondeur.

Cette diſtribution consiſte en deux corps de logis, le 1.er ſur le deuant, aiant 20 piez de profondeur ſur toute la largeur, qui ſe diſtribuë en vne escurie de 13 piez de largeur, en l'angle eſt vn hangard pour vn caroſſe, derriere le quel eſt la place d'vn lict. a coſté de l'escurie eſt la porte cochere de 9 pie, la cuisine de 23 piez; a l'un des angles eſt l'escalier en forme de vis aiát 10 piez en quarré, et a l'un des angles dudit Escalier ſera le priué. La cour aura 39 piez de profondeur ſur 57 de large.^r et de la cour on montera par ſix marches ſur vne terraſſe ſeparée en deux par l'escalier qui aura 16 piez en quarré et au milieu d'iceluy eſt le paſſage pour entrer en la ſalle: cha-cune partie de la terraſſe aura 19 piez de larg.^r ſur 17 de prof. Le Corps de logis de derriere a 22 piez de profondeur, il con-ſiſte en vne ſalle et vne chambre. La ſalle a 36 pi. de large.^r et la chambre 20. dans le Iardin aux deux angles tant de la ſalle que de la chambre, s'aduanceront deux cabinets de 12 piez de profondeur ſur 9 de largeur. Le Iardin au-ra le reſte de la profondeur ſur toute la largeur.

Second Estage de la cinquiesme diſtribution de la neufiesme place.

Le Second Eſtage du corps de logis de deuant consiſte en deux chambres, garderobe et cabinet: la 1.re ſur la cuisine, de 23 pieds ſur quiuze et demi de profondeur, acause de l'escá-lier et paſſage. La ſeconde chambre aura 22 pieds de largeur, ſur 20 de profondeur. la garderobe aura 10 pieds et demi de largeur et le cabinet 10. pieds en quarré.

Le corps de logis de derriere consiſte en deux chambres, et vne garderobe au milieu: la 1.re eſtant ſur la ſalle aura 22 pi. en quarré, la garderobe 13 pieds et demi de largeur, ſur 17 pieds et demi de profondeur, acause d'vn paſſage de quatre pieds, qui est au deuant. L'autre chambre aura 20 pieds de largeur, ſur toute la profondeur, chacune cham-bre aura ſon cabinet ſaillant ſur le Iardin, comme il a eſté dit cy deſſus.

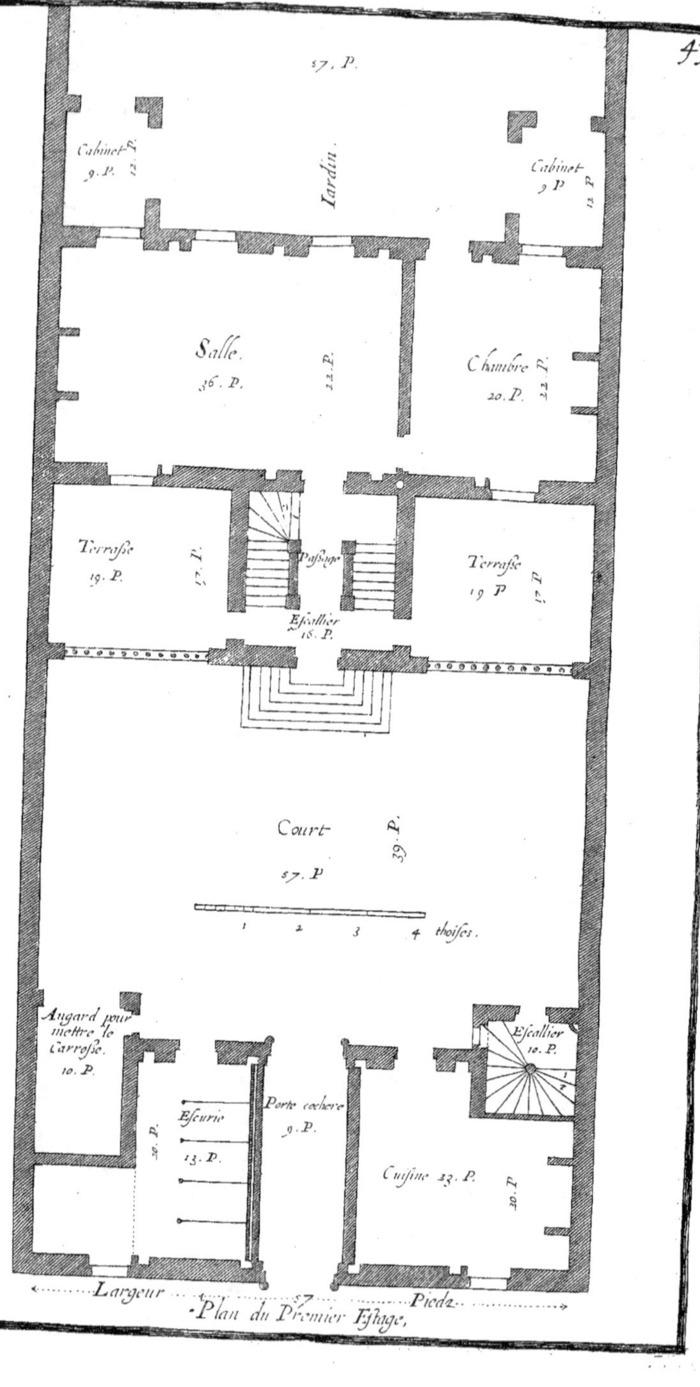
57. P.
Iardin.
Cabinet
9. P.   12. P.
Cabinet
9 P.   12 P
Salle.
36. P.   12. P.
Chambre
20. P.   12. P.
Terrasse
19. P.   17. P.
Passage
Terrasse
19 P   17 P.
Escallier
18. P.
Court
57. P   39. P.
1   2   3   4   thoises.
Augard pour
mettre le
Carrosse.
10. P.
Escallier
10. P.
1
Escurie
13. P.   10. P.
Porte cochere
9. P.
Cuisine 13. P.
10. P.
Largeur   Piedz.
Plan du Premier Estage.

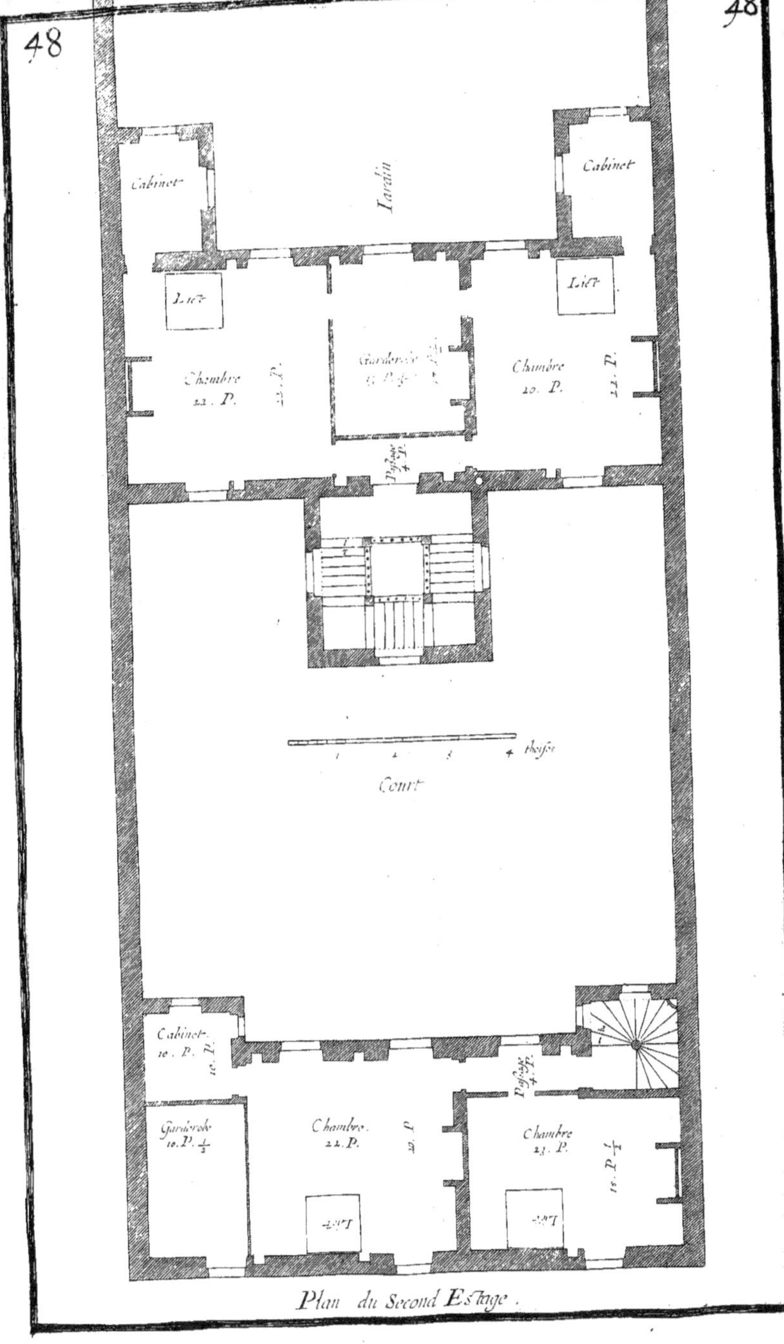

Plan du Second Estage.

Elevation de la Face qui regarde la
rue, du Corps de Logis de deuant
de la neufiesme place, distribuée
selon la Cinquiesme maniere.

Le Corps de Logis de deuant, a mesme rez de chaussée
que celui de la cour, et aura de hauteur depuis l'aire sous
soliues, 12 pi. et 9 po. compris l'epaisseur des soliues et
plancher, auquel on montera de 6 po. 1 ligne chacune,
lesquelles occuperont vne reuolution entiere et le quart de
vn autre. Le Second Estage, aura u. pi. sous soliue,
et 9 po. pour l'epaisseur des soliues et plancher, auquel on
montera par 25 marches de 6 pouces 8 lignes chacune.
Le Troisieme Etage aura pareille hauteur et pareille
distribution de marches. Au dessus se feront les
greniers ou chambres en galletas a la maniere susdite.

Elevation de la Face qui regarde la Cour du Corps de Logis de derriere, de la 9.me place, distribuée selon la 9.me Maniere

La Terrasse sera Eleuée au dessus du rez de chaussée de la Cour de trois pi. a la quelle on montera par 6 marches de six po. chacune. L'aire du Corps de logis aura mesme niueau que la terrasse, et aura 14 pi. sous soliues de hauteur auec 9 po. pour l'epaisseur des soliues et plancher, ausquels on montera par 28 marches de 6 po. 4 lignes chacune.

Le Second aura de hauteur 13 pi. sous soliues, et 9 po. pour l'epaisseur des Soliues et plancher ; auquel on montera par 28 marches, de 5 pouces 11 lignes de hauteur chacune.

Le troisieme Etage aura de hauteur dix pi. sous soliues, et 9 pouces pour l'epaisseur des Soliues et plancher, auquel on montera par 24 marches de cinq pouces cinq lignes de hauteur chacune. Au dessus se feront des greniers ou chambres en galetas come dit est ci denant.

Distribution de la deuxieme place
Ayant septante deux pieds de largeur, sur Septante quatre de profond.^r

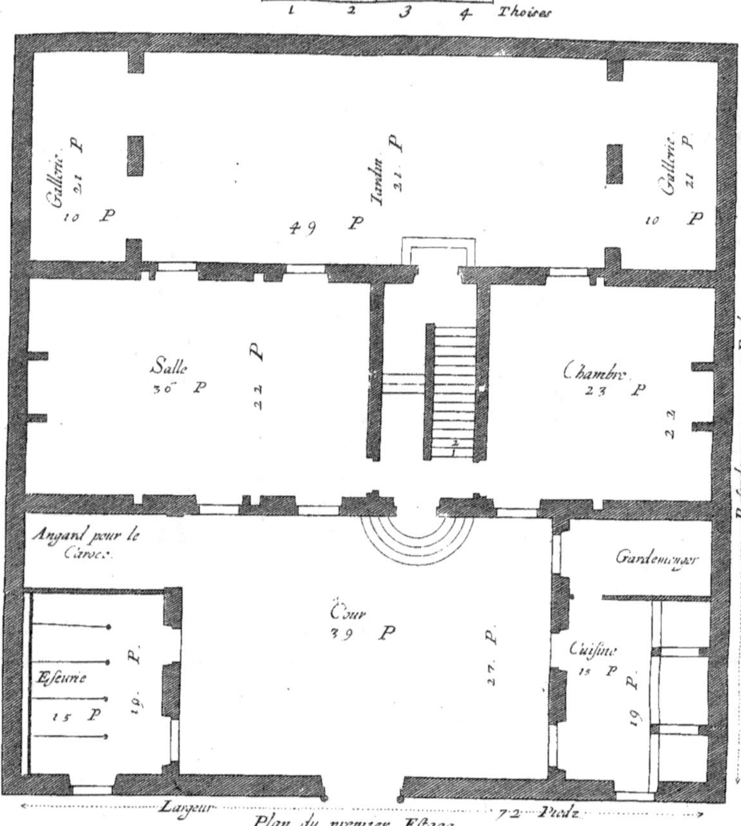

La profondeur de Cette place se distribue en vne Cour sur le deuant, vn Corps de logis et Iardin sur le derriere. Vous verrez assez clairement par ce plan toutes les autres commo= ditez et parties ayant chacune leurs mesures marquées.

 Second Estage de la distribution de
la dixiesme place,

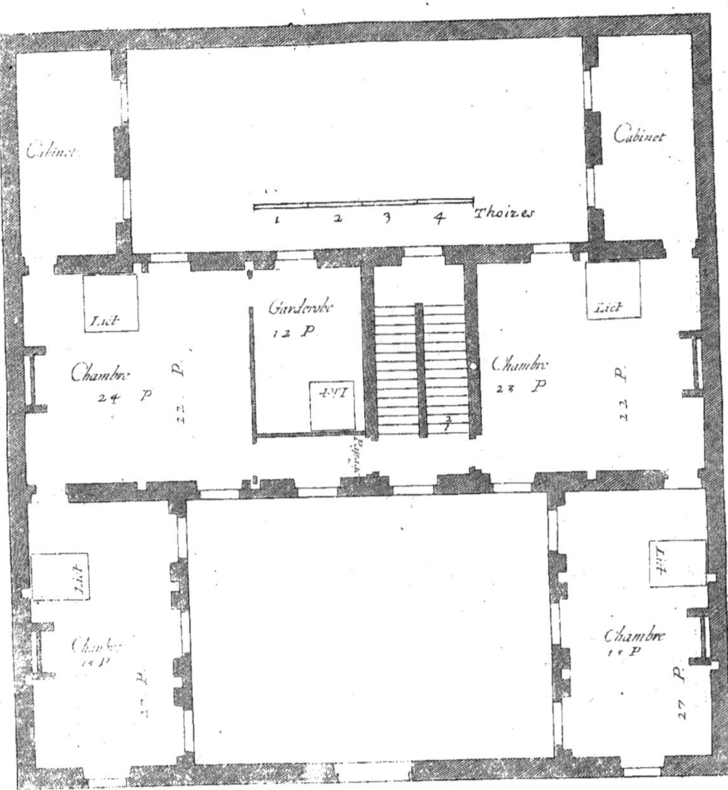

Ce second Estage contient vne chambre sur l'ecurie, et vne sur la cuisine, ayant chacune quinze pieds de largeur, sur vingt sept de profondeur.
Et quant au principal Corps de logis, il consiste en deux chambres, et vne
garderobe ; la premiere sur la salle aura vingt quatre pieds de larg.r sur
toute la profond.r de vingt deux pieds ; la garderobe joignant la dite chãbre, aura douze pieds de larg.r sur dixsept pieds et demy de profond.r
a cause d'vn passage de quatre pieds qui est au deuant. A coste de cette
garderobe sera l'escalier, et joignant iceluy, la chambre ayant mesme
larg.r et profond.r que la premiere, et aux deux bouts des deux chãbres
seront deux cabinets, ayants mesm.e larg.r et profond.r que les galleries de
l'estage dén bas, on pourra en ces cabinets faire des cheminées si l'on veut.

Face du Costé de la Cour, avec les 2
Pavillons sur le devant

Elevation du Corps de logis de la
dixiesme Place, tant en ce qui regarde la Cour,
que les deux aisles sur la ruë.

L'aire tant de l'écurie que de la cuisine, sera de mesme niueau que
la Cour, et celuy du corps de logis sera esleué de deux pieds au dessus du
rez de chaussée de la dite Cour, auquel on montera par quatre marches
assises en ladite cour.   Le premier Etage aura treize pieds sous
soliues, et compris l'épaisseur des soliues et plancher, treize pieds neuf
pouces, auquel on montera par trente marches de cinq pou. et demy
de hauteur chacune.   Le Second Etage aura douze pieds neuf
pouces, compris l'épaisseur des Soliues et plancher, auquel on montera
par vingt huit marches de pareille hauteur, de cinq pouces et demy.
Le troisiesme Etage aura onze pieds neuf pouces, compris l'epais.
des Soliues et plancher, auquel on montera par vingt six marches de
pareille hauteur, de cinq pouces et demy chacune. Au dessus on
Pourra faire des greniers.

Distribution de la 11.me place de 72 piez de largeur sur 112 de profondeur sans le Iardin.

Cette place se peut distribuer selon les 5. manieres de la 9.e place en augmentant les parties tant en larg.r qu'en profondeur, selon qu'il se trouuera plus à propos.

Cette place est diuisée en deux corps de logis, l'un sur le deuant, l'autre sur le derriere auec vne gallerie qui les joindra l'un a l'autre, et la cour au milieu.

Les commoditez mesures et proportions se ver-ront assez clairement dans le plan cy a coste.

Second Estage de l'onzieme place, selon la distribution cy dessus.

Le second Estage du Corps de logis de deuant consiste en vne chambre sur la premiere escurie, vn escalier et deux autres chambres : la premie-re aura dixhuit pieds de largeur, la Seconde et la troisiesme, vingt pieds en quarré. ensui-te de la 1.re chambre est vne gallerie, ayant soixante quatre pieds de profondeur ; sur dixhuit de largeur.

Le Second Estage du principal corps de logis consiste en vn cabinet, et vne chambre sur la Salle vn escalier et vne autre cham-bre. Le cabinet aura seize pieds et demy de largeur, sur toute la profondeur de 22 pieds, la chambre aura vingt deux pieds en quarre, et l'autre chambre aura dix huit pieds et demy de large.

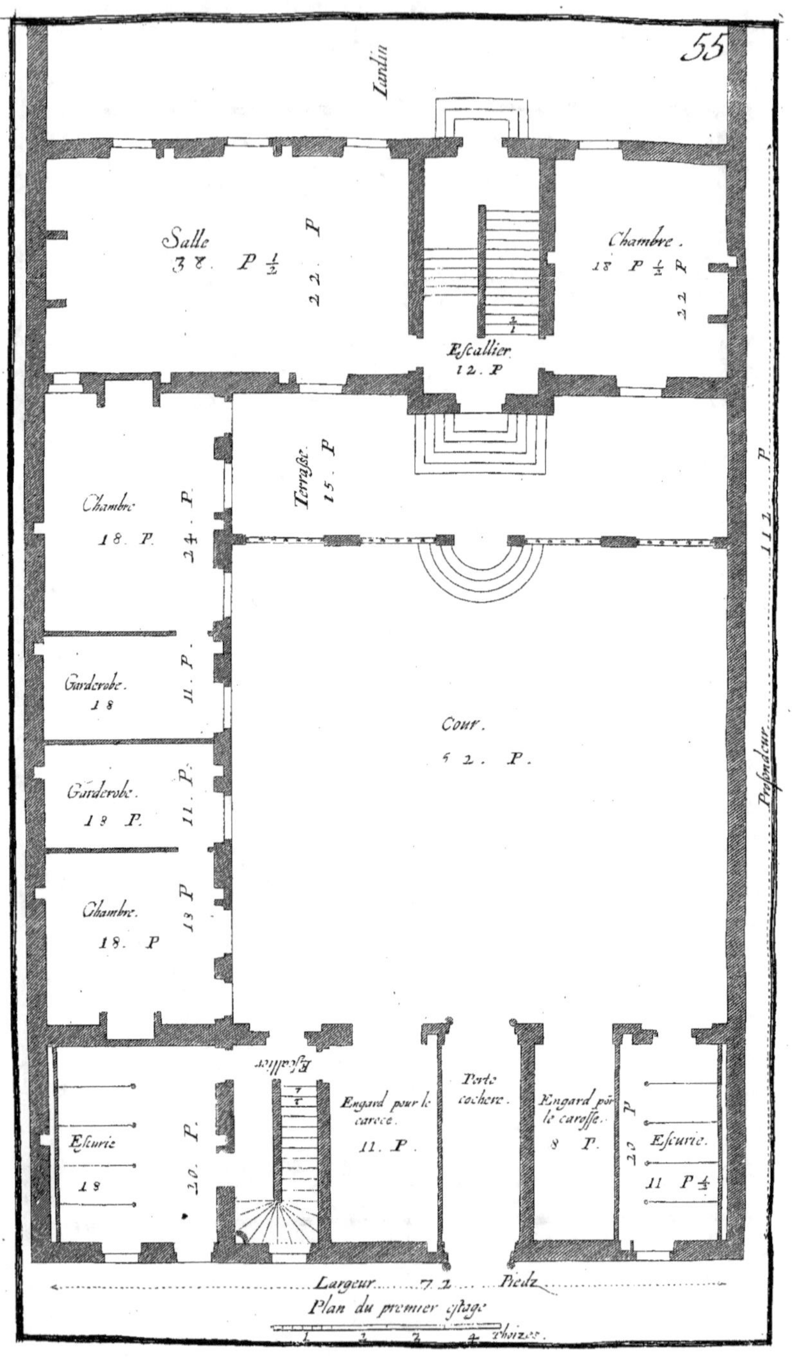

Jardin
Salle
38 . P ½
22
P
Chambre.
18 P ¼ P
22
Escallier
12 . P
Terrasse
15 . P
Chambre
18 . P
24 . P
Garderobe.
18
11 . P.
Garderobe.
18 P.
11 . P.
Chambre.
18 . P
13 P
Cour.
52 . P.
Profondeur
112 . P.
Escallier
Escurie
18
20 . P.
Engard pour le
caroce.
11 . P.
Porte
cochere.
Engard pór
le carosse.
8 . P.
20 P
Escurie.
11 P ¼
Largeur ... 72 ... Piedz
Plan du premier estage
1 2 3 4 Thoizes

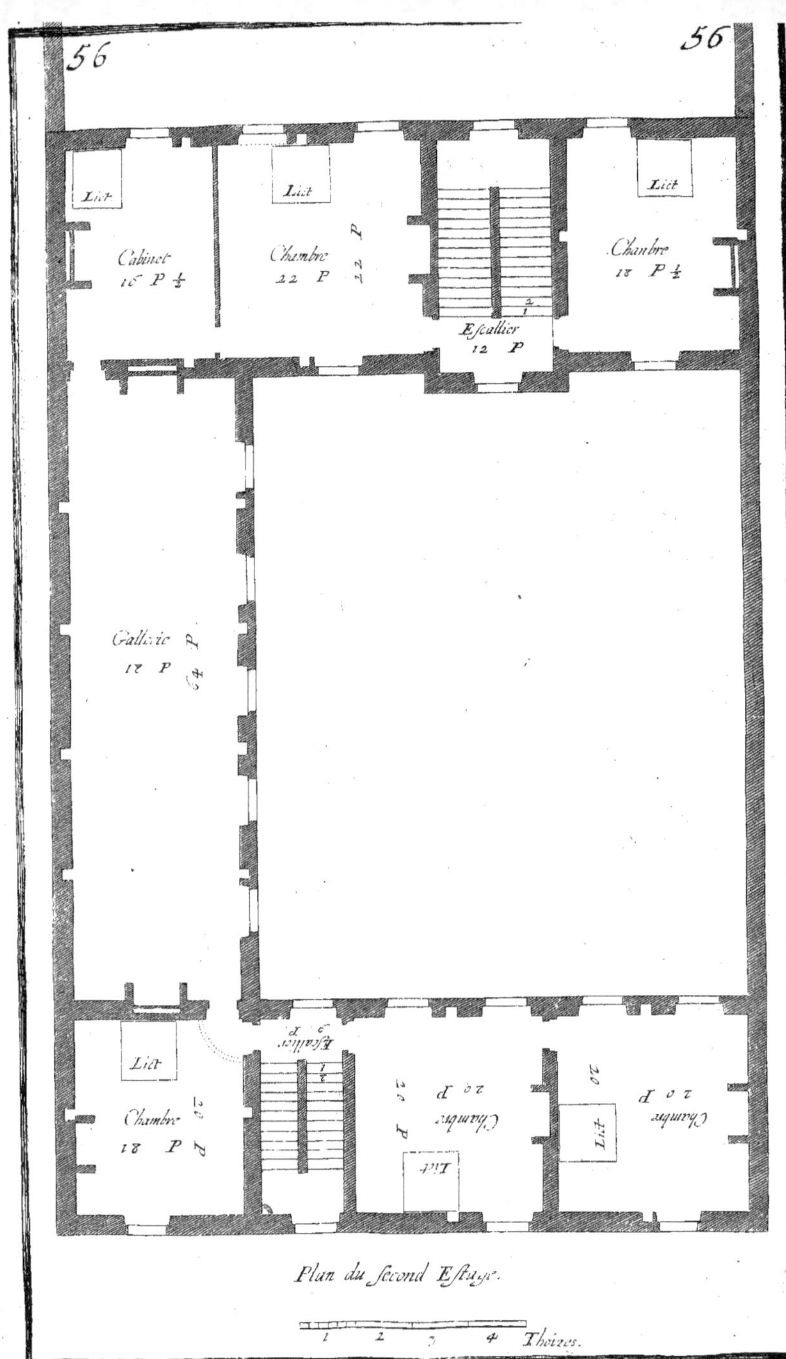

Plan du second Estage.

Elevation du Corps de Logis de deuant,
de Lonziesme place, en la Face qui
regarde sur la Rue

L'aire du corps de logis de deuant, et de la 1.re chambre et
garderobe de celui de main gauche, seront de meme niueau
que la cour : et aura 18 piez et demi sous soliues de hauteur,
Separeé par vn entresole en tous les appartemens qui seront
sur la main gauche de la porte. la hauteur depuis l'aire sous
soliues de l'entresole a, 10 pieds et 9 pouces po.r l'epaisseur des
soliues et plancher, au quel on montera par 21 marches de 6
pou. 2 lignes chacune, et depuis l'aire de l'entresole jusque sous
soliues du 1.er Etage, jl y aura 7 pi. 9. pou. compris l'epaisseur des
soliues et plancher 8 pi.½, on y montera par 17 marches de 6 pouces.
Le second Etage aura 12 pi. sous soliues, et 9 pou. po.r l'epaisseur
des soliues et plancher, auquel on montera par 24 marches de
6 pou. 4 lignes et demi chacune. Au dessus seront greniers
ou chambres en galetas de 9 a 10 pieds sous soliues.

Eleuation du principal Corps de
Logis de L'onzieme place, en
la Face qui regarde la cour.

La Terrasse sera Eleueé au dessus du rez de chaussee de la cour
de 2 piez, et aussi la chambre et garderobe contigües : l'aire du cors
de logis principal sera eleue au dessus de celui de la terrasse de 2pi.
et demi nous donnons 9pi. de hauteur aux offices, et aurons a des:
cendre 9. pieds 9. pou. par 19. marches. on descendra aussi au Iar:
din 4 marches pour reuenir au rez de chaussee de la cour.
Le 1er Estage aura de hauteur depuis l'aire sous soliues 14
pieds 9. pouces, auquel on montera par 28 marches de six
pouces quatre lignes chacune.
Le Second Estage aura treize pieds neuf pouces compris
l'espaisseur des soliues et plancher, auquel on montera
par vingt huit marches de cinq pouces onze lignes de
hauteur chacune.
Le troisiesme Estage aura onze pieds sous Soliues.
Au dessus se poura pratiquer des greniers.

Distribution de la douzieme place ; qui est vn pauillon double, ayant soixante et dix pieds de largeur sur trente six de profondeur

Ce pauillon consiste en vne chambre sur la main gauche, Escalier, salle, aiant veuë de trois costez, Vestibule derrie-re l'escalier, et garderobe joignant la chambre, la quelle chambre aura 22 pieds en quarré ; l'escalier aura de large.r 22 pieds, sur 19 de profondeur, au milieu du quel est le passage de six pieds ; la salle aura 22 pieds de largeur, sur 36 de profondeur ; le vestibule aura meme largeur que l'escalier, sur 18 pieds de profondeur ; et la garderobe treize pieds et demi de profondeur, sur toute la large.r de la chambre

Le second et troisieme estage seront semblables au premier, excepté que au dessus de la salle se pratiqueront des gar-derobes de meme profondeur que celle dembas, et au des-sus se feront des chambres.

L'aire du corps de logis sera Eleué de trois pieds au dessus du rez de chaussee de dehors, au quel on montera par six marches, tant pardeuant que par derriere : et aura depuis laire sous soliues 14 pieds et compris les soliues du plancher 14 pi. 9. pouces on y montera par 30 marches de 5 pouces onze lignes chacune.

Le Second Etage aura treize pieds neuf pouces, compris l'epaisseur des soliues et plancher ; au quel on montera par 30 marches de cinq pouces et demy chacune.

Le troisieme Etage aura 12 pieds sous soliues.

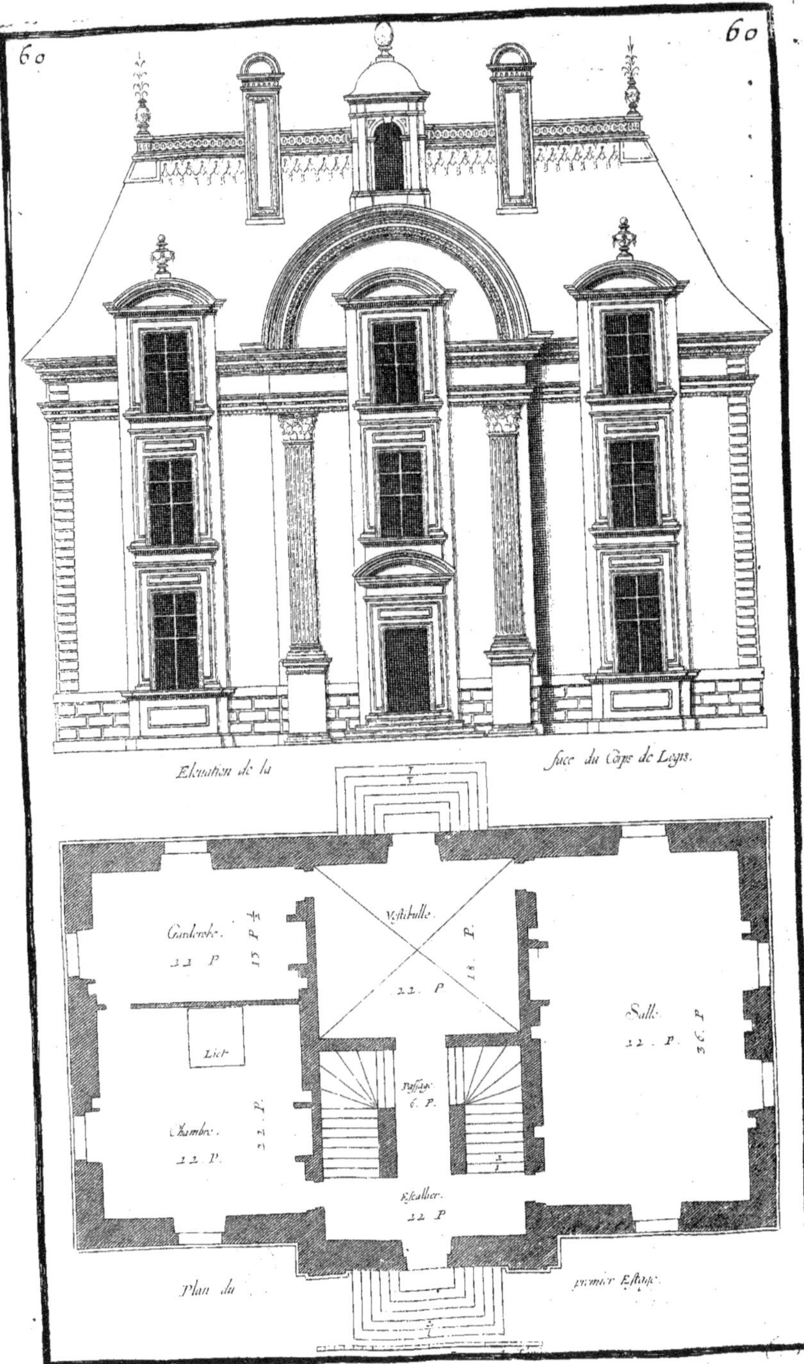
Elevation de la
face du Corps de Logis.
Garderobe.
22. P.
15 P ½
Vestibulle.
22. P.
18. P.
Salle.
22. P.
36. P.
Lict
Chambre.
22. P.
22. P.
Passage.
6. P.
Escallier.
22 P.
Plan du
premier Estage.

Distribution de la treizieme place, de centun pieds de largeur sur quarante cinq de profondé qui est vn corps de logis entre deux pauillons.

Ce Corps consiste en deux pauillons aux deux costez, et vne salle au milieu. chaque pauillon est diuisé en vne chambre sur le derriere, garderobe et escalier sur le deuant; la garde: robe aura 13 pieds de largeur sur 20 de profondeur; l'escalier dix pieds de largeur sur ladite profondeur de 20 pieds; la chambre aura 24 pieds en quarré; la salle aura 48 pieds de largeur sur 24 de profondeur; et au deuant de la salle sera vne terrasse de 14 pieds de profondeur, sur toute la largeur de la salle, qui est quarantehuit pieds. Au dessous tant des pauillons que de la Salle seront les offices.

Le second Etage est semblable au I.er, sinon qu'au dessus de la salle vous pouuez faire deux chambres et vne garderobe.

Pour les hauteurs, l'aire des offices sera de niueau auec le dehors, ausquels on entrera de plain pied sous la terrasse, et auront de hauteur sous soliues neuf pieds, et partant l'aire du corps de logis sera eleuée au dessus du rez de chayssée de 9 pieds 9 pouces, a laquelle on montera de dehors par l'escalier rond, qui est au deuant de la terrasse, et aura de chacun costé 17 marches de six pouces deux lignes chacune pour venir a l'aire de la terrasse de la quelle on montera encore de deux marches de pareille hauteur, tant pour entrer en la salle qu'aux deux escaliers, et ces 19 marches feront les 9 pieds 9 pouces : et des offices, on mon: tera a couuert aux deux escaliers des pauillons, par dixsept marches de six pouces onze lignes de hauteur chacune.

Le premier Etage aura de hauteur quatorze pieds neuf pouces, compris l'epaisseur des soliues et plancher, auquel on montera par les deux rampans par trente trois marches de cinq pouces quatre lignes chacune. Au dessus de la Salle seront chambres qui auront dix a onze pieds de exaucement.

Le deuxieme Etage des pauillons aura treize pieds neuf pouces, compris l'epaisseur des soliues et plancher; auquel on montera par trente trois marches de cinq pouces de hauteur chacune.

Au dessus seront greniers ou chambres en galetas.

Chambre
24. P.
Salle
Chambre
24. P.
Escallier
Escallier
Garderobe
Garderobe

Ayant iusques icy traitté amplement des bastimens de maçonnerie, il nous à semblé à propos de traitter aussi de la charpenterie,
qui pourra seruir pour les lieux ou l'on en bastit ordinairement, et
pour les autres encore, ausquels on y est contraint, acause du peu de
place que l'on à. La charpenterie donc de l'edifice se posera sur ma-
connerie de deux pieds ou deux et demy de hauteur, au dessus du rez
de chaussée, pour empescher la pourriture des premieres sablieres, lesquelles s'asseoiront sur la maçonnerie auec vn pouce ou pouce et demy de
retraitte, auec cette obseruation, pour le regard de la maçonnerie, de
garnir de pierre de taille, ou gresserie, ou autre, les endroits des batte-
mens des portes. Les maistres posteaux qui font separation des bastimens s'assembleront sur les extremitez des sablieres, auec demy pou
de retraitte, et est bon que ces maistres posteaux ayent en grosseur et
largeur le double des autres. Dedans ces maistres posteaux s'assembleront la seconde, troisiesme, et quatriesme sablieres, dont les secon-
des et troisiesmes sont posées à l'endroit des planchers, et dans ces sablieres s'assembleront à tenons et mortoises les posteaux tant d'huisse-
rie, que de croisée, que guettes, et posteaux de remplage par le milieu;
ensemble les croix St André: et dedans les posteaux de croisée, s'assembleront l'appuy au dessous, et le linteau au dessus; et au dessous desdites croisées s'assembleront à tenons et mortoises, à la sabliere et appuy
de la croisée, les petits posteaux et petites guettes, et au dessus des dites croisées, s'assemblent à tenons et mortoises, à la sabliere et linteau de la croisée,
trois petits postelets ou entretoises. Or les espaces qui sont entre les croisées
se peuuent remplir en 3 manieres, sçauoir auec simples guettes et posteau
au mitan, ou bien auec croix St André et posteaux à costé, les troisiesmes
auec guettes et guettrons et posteaux à costé: et au dessus des huisseries
s'assembleront trois petits posteaux au dedans des linteaux, et au
dessus de l'entablement se formera le pignon de charpenterie pour
couuerture de thuille ou ardoise, selon la maniere deduite cy apres,
lequel pignon sera fait par le moyen de deux forces et cheurons au
dessus, lesquelles forces seront assemblées par bas dans la sabliere de
l'entablement, et par haut dans vn poinçon; et dedans lesdites forces
s'assemblera vn entraict sur le milieu du poinçon. Dedans lequel
entraict et dans la sabliere de dessous seront assemblez les posteaux
des croisées, et les espaces remplis ainsi qu'il à esté dit, et au dessus dudit
entrait s'assembleront 2 contrefiches auec les posteaux de remplage,
et au deuant du pignon et pan de bois se fera vne ferme ronde en saillie
de deux pieds ou deux pieds et demy, portée par bas sur vn blochet et trois
racinales, auec trois consoles par dessous. Et au cas qu'on voulust
faire l'egoust du costé du pan de bois, on le pourra faire, mais au lieu du
remplage qui est entre les croisées, il y faudra appliquer des posteaux
de membrure, par le moyen desquels on changera les poutres de situatiõ,
les faisant porter sur lesdits posteaux, ayans consoles au droit des portées desdites poutres par le dedans.

64
1   Les sablieres.
2   Les gros poteaux.
3   Les poteaux de croisés.
4   Les poteaux de remplages.
5   Les croix sainct andré.
6   Les guettes simples.
7   Les guettes et guettrons.
8   Les poteaux dhuisserie.
9   Les linteaux.
10   Les petits potelets.
11   Les petits poteaux.
12   Entraict.
13   Les contrefiches.
14   Ferme ronde.
15   Les blocheta.
16   Les racinales.
17   Les consoles.
1
1   2   Thoises.

MANIERE DE CONSTRVIRE LES

*Combles qui se font pour la couuerture: Et 1°
de ceux ausquels il y à exaucement de l'entablem.t au dessus du
dernier plancher, côme quand on pratique des chambres en galetas.*

Ayant jusques icy traitté de l'ordre, mesure et construction
des logis tant de maçonnerie que de charpenterie, depuis les fondatiõs
iusques à l'entablement: il nous reste à parler des couuertures, et des
combles qui les doiuent soustenir. Or ces couuertures seront ou de
thuille ou d'ardoise, qui sont les matieres les plus communes et v sitées.
La thuille pour estre commodement soustenuë n'a pas besoin que
le triangle de son comble ait pareil exaucement que celuy de l'ardoise,
mais il suffit que lors que sa base, c'est à dire la largeur de tout l'édifi=
ce contiendra 8. parties, les 2 costez qui s'assemblent au faiste en ayent
chacun 7. Les combles qui sont faits pour ardoise doiuent auoir plus
d'exaucement, tant acause du vent qui enleueroit ladite ardoise, que
pour le retour de l'eau qui pourrit. Quelquesvns se contentent du triangle equilateral pour la forme du comble à ardoise, les autres ayant
le bois à commandement l'exaucent encore plus à sçauoir en telle sorte
que quand la base qui est tousiours la largeur du massif de l'édifice
contient 8 parties, les 2 costez qui s'assemblent au faiste en contiennent
chacun 9. Or soit que vous faciez vostre couuerture de thuille ou d'ardoise vous vous seruirez jndifferemment des manieres suiuantes
n'y ayant de difference entre l'vne et l'autre, que celle qu'apporte la construction des triangles de leurs combles, et telles couuertures tant de
thuille que d'ardoise, se font ou auec exaucement de l'entablement au
dessus du dernier plancher, ou sans exaucement: si c'est auec exauce=
ment, tel ouurage se fait encore en 2 manieres, à sçauoir entre deux
pignons, ou auec croupe, et chacune se diuersifie encore en 2 sortes,
la premiere auec iambes de force, la seconde auec platte forme. Selon
la premiere maniere les iambes de force se posent sur les portèes des
poutres, qui sont les extremitez d'icelles, qui portent sur les corps des
murs, et suffit qu'il y ait de 4 à 5 pouces depuis l'extremité de la poutre
iusques au dehors du mur, et s'assemblent les dites iambes de force de
dans les poutres auec tenons et mortoises: et est à remarquer qu'il faut
tenir les dites iambes de force les plus droites que faire se peut, afin
de ne point incommoder le dedans de la place, ayant aussi egard
de ne les pas tenir si droites qu'elles puissent jncommoder la couuer=
ture. Ces iambes de force soustiennent vn tirant auquel elles sont
assembleès pareillement auec tenons et mortoises, et lieès par dessus
auec goussets assemblès aussi auec tenons et mortoises, en sorte que
pour deux parties prises dans le tirant, il en soit prises 3 en la iambe
de force, et sur ce tirant se peut encore faire vn dernier plancher. au
dessus de ce tirant et aux extremitez d'iceluy s'assemblent encore 2
forces à tenons et mortoises, tant dans le tirant que dans le haut d'vn
poinçon, duquel le bas porte a plomb sur le milieu du tirant. Ce poinçon sera garny de bossages tant en haut qu'en bas et aux abouts des

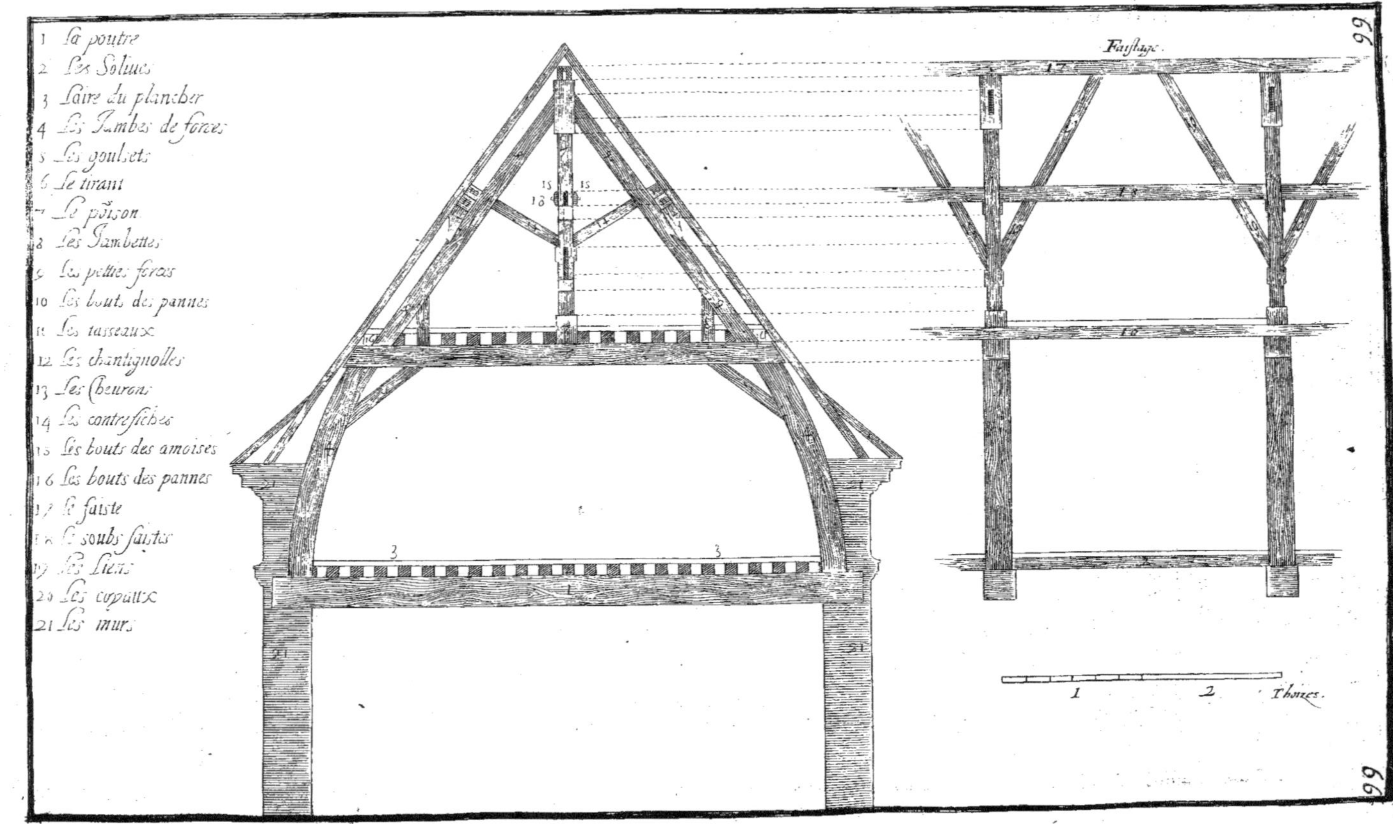

1 La poutre
2 Les Soliues
3 L'aire du plancher
4 Les Jambes de forces
5 Les goulets
6 Le tirant
7 Le poïson
8 Les Jambettes
9 Les petites forces
10 Les bouts des pannes
11 Les tasseaux
12 Les chantignolles
13 Les Cheurons
14 Les contrefiches
15 Les bouts des amoises
16 Les bouts des pannes
17 Le faiste
18 Le soubs faiste
19 Les Liens
20 Les copaux
21 Les murs
Faistage.
1   2   Thoises.

contrefiches et liens; ces forces sont encore liées au tirant auec iambettes portans
à plomb sur iceluy, et s'assemblent tant auec le tirant qu'auec la force, auec te=
nons et mortoises; et dedans le poinçon et les forces, sont encores assemblées des
contrefiches à tenons et mortoises; et se ioignent les contrefiches aux forces iustemēt
au droit des pannes, lesquelles pannes sont soustenues des tasseaux cheuillez auec
cheuilles de bois; et ces tasseaux sont encore soustenus de chantignoles encastrées
d'vn pouce ou de 3 quarts de pouce par bas dedans le corps de la force, et venans
à mourir à rien par haut au dessous du tasseau. Et seront posées deux autres
pannes sur les testes desdits tirans, et aux abouts des dites forces, et sur les dites
pannes tant d'en haut que d'en bas, seront posez les cheurons qui s'assemble=
ront les vns aux autres, auec tenons et mortoises par haut, et encastrez dans la re=
ste dudit faistage d'vn pouce, et poseront par bas sur l'entablement à vn pouce
ou pouce et demy de retraitte sur l'épaisseur du mur, à prendre du dehors sans
la saillie; et seront les dits cheurons percez, ou autrem.t brandis et cheuillés auec
cheuilles de bois à trauers des corps des dites pannes; et sur le bas des dits cheurōs
seront appliquez coyaux clouez sur les dits cheurons, et dont le bas portera ius=
ques aux bords de la saillie de l'entablement, afin de reietter les eaux arriere des
des murs. Tout ce que dessus est pour la description et deuis des fermes. Reste à
traitter des faistages qui sont de ferme en ferme, pour la construction desquels
s'assemble le faiste dans le bout d'en haut des poinçons par tenons et mortoises,
et vn sousfaiste au dessus enuiron le mitan des dits poinçons, pareillement
assemblé ausdits poinçons des deux fermes par tenons et mortoises; et dedans
les dits poinçons au dessous du sousfaiste s'assembleront des liens coupez en 2
à l'endroit dudit sousfaiste, lesquels se lieront tant auec les dits poinçons que
faiste et sousfaiste à tenons et mortoises, et seront tellement espacez par haut
qu'ils diuisent le faiste en trois parties; et l'vne de ces 3 parties estant derechef par
tie en deux, il en faudra donner trois semblables à l'espace depuis le dessous
du faiste iusques à labout du lien. Et en cas que les liens et sousfaiste vinssent
à se confondre ensemble au poinçon, il faudra prendre la conionction du lien
et du poinçon plus bas à la discretion de l'ouurier, pourueu qu'on n'affoiblisse
point le corps du poinçon. Et seront les faistes liés les vns aux autres par le moy
en de longs ioincts à crochettes au droit des poinçons, et cheuillés auec cheuil=
les de bois; et les sousfaistes, liens, et poinçons seront affermis de deux amoises
qui embrassent les poinçons, sousfaistes et liens à l'endroit des assemblages.
Ces amoises seront cheuillées l'vne auec l'autre, et au sousfaiste par cheuilles de
bois trauersantes de part en part, et seront les cheurons espacés sur les faistages
et pannes de deux pieds en deux pieds, si les cheurons sont de bonne grosseur,
ou de seize pouces, s'ils sont foibles, car par ce moyen la latte qui à communem.t
4 pieds, portera sur 3 cheurons de deux en deux pieds, et sur 4 de seize en seize
pouces. Voila donc ce qui se peut dire tant des fermes que des faistages des
couuertures communes, selon la premiere maniere, mais le tout se verra plus dis=
tinctement au dessein qu'il ne se peut exprimer par parole.

La Seconde maniere qui se fait auec exaucement et platteforme, se construit
ainsi. Sur les deux extremitez des murs sont posées 2 sablieres, en sorte qu'au=
cune partie d'icelles ne porte à faux; elles seront iointes les vnes aux autres
des entretoises sur toute leur longueur, espacées entre elles de 6 en 6 pieds.
Sur ces Sablieres sont trauez des blochets à mordans et queüe d'aironde enfon=
cez dans icelles d'vn pouce ou d'vn pouce et demy, en sorte que le dessus desdits
blochets vienne de niueau: et au dessus des extremitez des blochets seront posez
les maistres cheurons, et assemblez, par tenons et mortoises dans les dits blochets

et

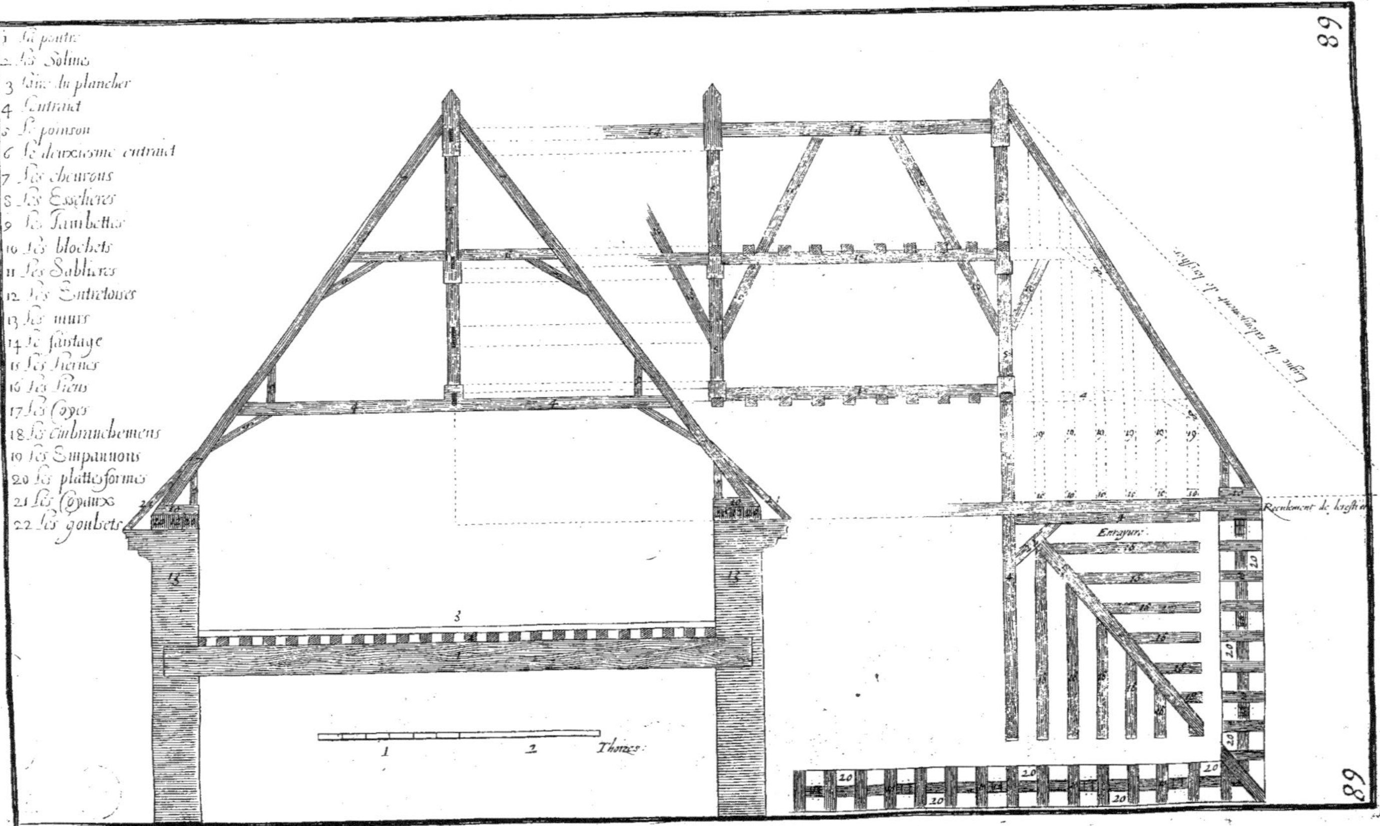

68
68
1 La poutre
2 Les Solives
3 l'aire du plancher
4 l'entrait
5 Le poinson
6 le deuxeisme entrait
7 Les chevrons
8 Les Escheres
9 Les Jambettes
10 Les blochets
11 Les Sablieres
12 Les Entretoises
13 Les murs
14 Le faistage
15 Les Pernes
16 Les Liens
17 Les Coyes
18 Les embranchemens
19 Les Empannons
20 Les plattes formes
21 Les Copaux
22 Les goubets
Ligne de rallongement de faîte
Reculement de faîte
Enrayure
Thoises
1 2

en haut dans le corps d'vn poinçon: et sur les extremitez du blochet
en dedans seront portées des jambettes assemblées auec tenons et mortoises, et a la hauteur que vous voudrez donner à l'estage en galletas sera con-
duit vn entrait d'vn cheuron à l'autre, assemblé auec tenons et mortoises, et
liez par dessous auec esseliers espacez ainsi que nous auons dit des goussets, et par le dessus de jambettes, et au milieu de l'entrait sera posé le poinçõ
dont a esté parlé cy dessus, auec tenons et mortoises, et boulons de fer, par
dessous l'entrait si besoin est, et enuiron la moitié du dit poinçon sera assemblé vn autre petit entrait de deux pieces à tenons et mortoises, assemblez et soustenus par esseliers comme les precedens. Ce que dessus est la
description d'vne maistresse ferme. Or les fermes qui sont entre deux
maistresses fermes, s'appellent fermes de remplage, et sont espacées entr'elles
de deux en deux pieds, de milieu en milieu, et sont garnies de pareilles
parties que les maistresses fermes, et semblablement assises hormis le poin-
con, et que les entraits n'y les cheurons n'en sont si gros. Ce que dessus est
dit pour le regard des fermes tant maistresses que de remplage. Reste
a parler des faistages qui se construisent en assemblant des faistes par
haut dans les testes des poinçons, et deux liernes les vnes basses les autres
hautes, traueés sur les entraits des fermes de remplage et assembiées
par les deux bouts dans les corps des dits poinçons. Et dans le faiste estãt
entre deux poinçons sont assemblés par haut deux liens coupez en 2, lesquels par bas s'assemblent auec tenons et mortoises, tant à la lierne qu'au
corps desdits poinçons: et pour le regard des croupes il sera vne demye
ferme dans le milieu, semblable aux precedentes maistresses fermes hormis quelle sera vn peu plus roide, et de part et dautre de la dite demye ferme s'espaceront autres demyes fermes de remplage ou empannons de 2
pieds en 2 pieds, ou de 16 er. 16 pouces, de milieu en milieu, dont les embra-
chemens s'assembleront auec tenons et mortoises, dans le corps des coyers,
et dedans les empannons ou demy ferme: lequel ordre sera aussi gardé
du costé du long pan depuis l'arestier, jusques a la rencontre de la maistresse ferme: Et dedans le blochet qui est en l'angle traué sur la platteforme: est assemblé l'arestier, dont le sommet se va joindre a gueule
dans l'areste du poinçon par haut, et est cet arestier assemblé par bas
auec vne jambette dans ledit blochet, et dans le corps dudit arestier,
ensemble dans des goussets proches du poinçon s'assembleront a tenons et
mortoises deux coyers l'vn en bas l'autre en haut, et seront assemblez deux
grands esseliers dans les coyers et arestier, en sorte que les petits esseliers qui
viendront a l'endroit s'y puissent assembler dedans. Pareillement aussi s'assembleront les empannons tant dedans les blochets que dedans l'arestier,
ensemble les jambettes, le tout auec tenons et mortoises, espacez cõe dit est
de 2 en 2 pi. ou de 16 en 16 pou. Voila ce que nous auons iugé deuoir estre
dit pour les lieux ou y a exaucemt de l'entablemt ou dessus du dernier plã-
cher. Reste a parler de ceux ou il n'y a point d'exaucemt, qui se pourront encore construire par la 2.e maniere que nous venons de deduire et par la 3.e
et 4.e suiuantes.

La 3.e Maniere a beaucoup de ressemblance auec la 1ere, excepté qu'au
lieu des jambes deforces et des forces appliquées au dessus d'icelles, il n'y a que
forces simples continuées du bas en haut, et qui portent sur les poutres
et sur le corps des murs par bas et dans le poinçon par haut. Lequel poin-
con descend jusques sur le milieu de la poutre, à laquelle il est ioint auec
tenons et mortoises, et au cas que la poutre ait grande portée, on pourra
encore lier le poinçon auec jcelle, auec boulons de fer ou à estrier, moyen-
nant que les forces soient bien assemblées dans le corps du poinçõ auec
abouts. Mais si la poutre n'a pas grande portée, on pourra faire l'entrait
d'vne piece, et couper le poinçon au dessus d'icelluy, qui s'assemblera auec
ledit entrait auec tenons et mortoises, et par ce moyen le grenier sera deli-
uré de l'incommodité du poinçon.

1 Le poinçon.
2 L'entrait
3 Les chevrons
4 Le faistage.
5 Les pannes.
6 Les liens
7 Entrait de coupe.
8 Chevron de coupe

71 La quatriesme maniere n'est guere dissemblable a la deuxiesme, excepté que le
poinçon descend iusques sur le milieu de la poutre, et que l'entablement n'a point
d'excaucement sur le dernier plancher : et outre ce qu'il y a des lierues trauées sur les
extremitez des grands entraits, le poinçon se joint auec la poutre auec tenons et mortoises. Et au cas que la poutre ait longue portée, on la pourra supporter auec le
poinçon, auec boullons ou estriers de fer : mais si la poutre n'a grande portée, on
fera l'entrait d'vne piece, et dans iceluy s'assemblera le poinçon sans qu'il soit be=
soin de le continuer plus bas.

Reste encore deux autres manieres de petits combles, pour couurir les passa=
ges, escaliers, galleries et autres accommodemens ; dont le premier se fait auec petites
fermes et fermes simples. Les petites fermes sont composées de deux cheurons, vn poin=
con et vn entrait, les deux cheurons assemblez par haut dans la teste du poinçon
à tenons et mortoises, et portez par bas sur sablieres si ce sont pans de bois, ou sur
platte forme si c'est maçonnerie. L'entrait s'assemble aux cheurons et au poinçõ
par tenons et mortoises. Les fermes simples sont composées de deux cheurons
couplez par haut auec tenon et mortoise, et d'vn entrait fait de deux pieces, assem=
blées dans les cheurons, et dans le corps d'vne lierne qui va d'vne ferme à l'autre, et
porteront les cheurons par bas, sur sablieres, ou sur plattes formes, comme dit est.
Les fermes simples s'espaceront entre les deux petites fermes de deux en deux pieds,
ou de seize en seize pouces. Le faistage entre deux petites fermes sera soustenu par deux
liens assemblez, tant dans la piece du faistage, que dans le corps des poinçons, à tenons
et mortoises ; auquel on pourra adiouster vne entretoise ou croix S. André par le mitã,
si la portée est trop longue. La croupe sera composée d'vn entrait de croupe assẽblé
dans le grand entrait de la ferme, et dans le cheuron de croupe ; et de deux goussets pareil-
lemẽt assemblès dans les dits entraits, dans lesquels goussets seront assemblez deux
coyers, lesquels pareillement s'iront assembler dans les arestiers. Et dans les Coyers s'assembleront aussy de petits entraits espacez entre eux de seize en seize pouces, ou de
deux en deux pieds, comme dit est, et se viendront de rechef assembler dans les empan=
nons, et les dits empannons s'assembleront par bas dans les sablieres ou plattes formes,
et par haut dans les arestiers. L'autre maniere de petit comble est celuy que l'on
nomme en appenty ou apotence, lequel est composé d'vne demye ferme, qui consiste en
vn tirant porté dans les deux corps du mur, sur lequel tirant est assemblé vn poinçon
le long du grand mur, et dedans le tirant et poinçon est assemblée vne force, soutenuë
par son milieu d'vne contrefiche, pareillement assemblée tant en la dite force que
dans le corps du poinçon. A l'endroit de la contrefiche, et au dessus de la force sera
posée vne panne, soustenuë d'vn tasseau et d'vne chantignolle, et entre deux demy
fermes sera le faistage, composé d'vne piece de bois assemblée et portée sur les testes des
poinçons à tenons et mortoises, et soustenuës par dessous de liens. Et sur le faistage,
panne, sabliere, ou platte forme, se poseront les Cheurons, espacez de deux en deux
pieds, ou de seize en seize pouces, et seront les dits Cheurons percez et brandis auec
cheuilles de bois, tant sur les pannes que faistage, et au bas d'iceux cheurons seront
appliquez des Coyaux clouez sur les dits cheurons.

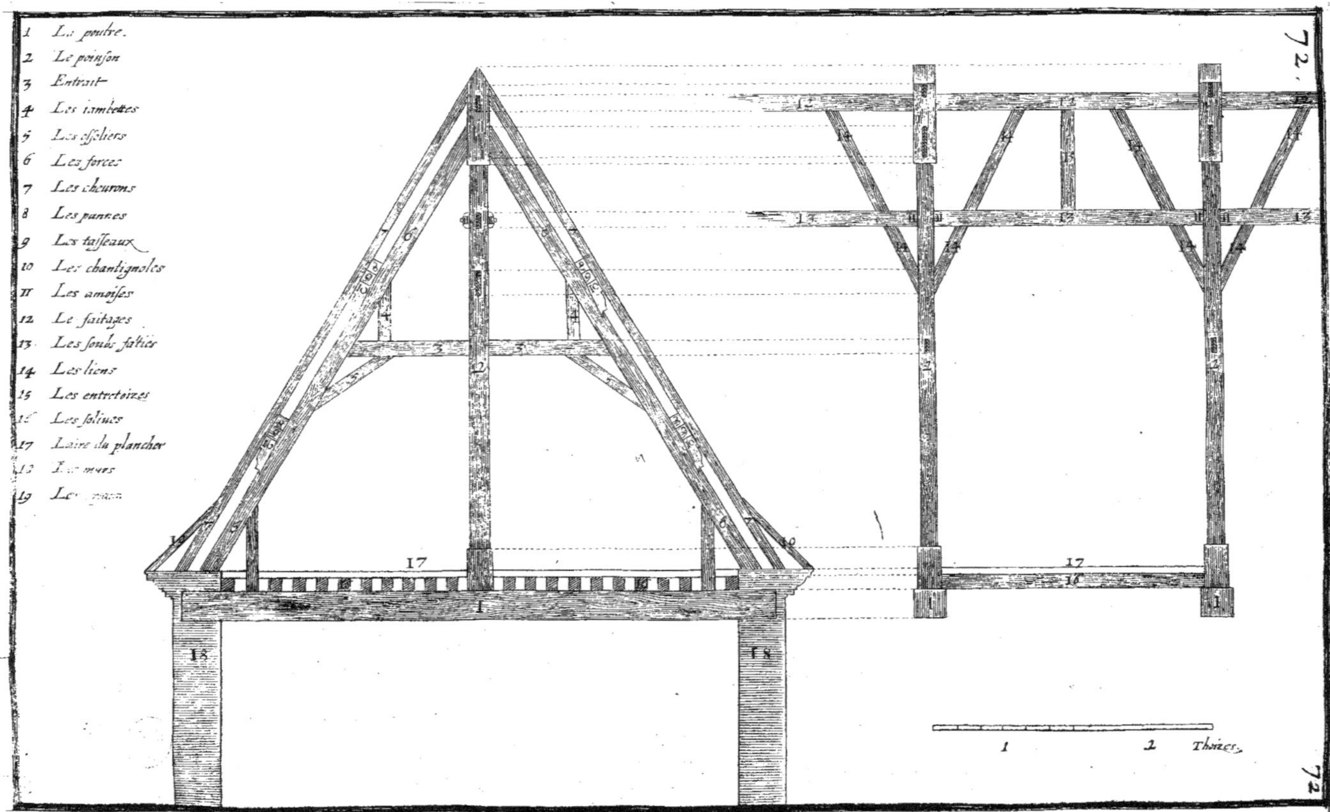

1   La poutre.
2   Le poinson
3   Entrait
4   Les iambettes
5   Les esseliers
6   Les forces
7   Les chevrons
8   Les pannes
9   Les taisseaux
10   Les chantignoles
11   Les amoises
12   Le faitages
13   Les soubs faities
14   Les liens
15   Les entretoizes
16   Les solives
17   L'aire du plancher
18   Les murs
19   Les [illegible]
17
18
Thoises.

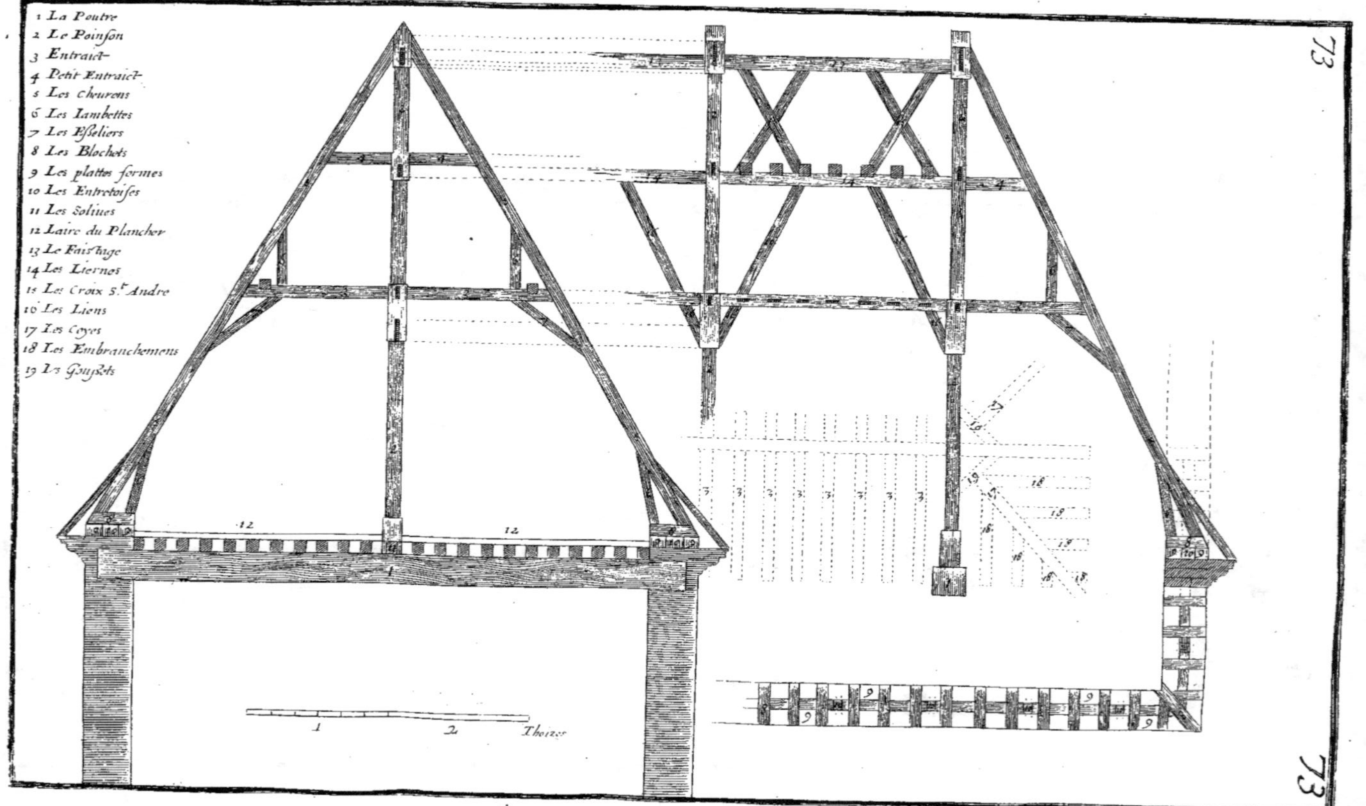

1 La Poutre
2 Le Poinson
3 Entraict
4 Petit Entraict
5 Les Cheurons
6 Les Iambettes
7 Les Esseliers
8 Les Blochets
9 Les plattes formes
10 Les Entretoises
11 Les Soliues
12 Laire du Plancher
13 Le Faistage
14 Les Liernes
15 Les Croix S.t Andre
16 Les Liens
17 Les Coyes
18 Les Embranchemens
19 Les Goussets
1 2 Thoises

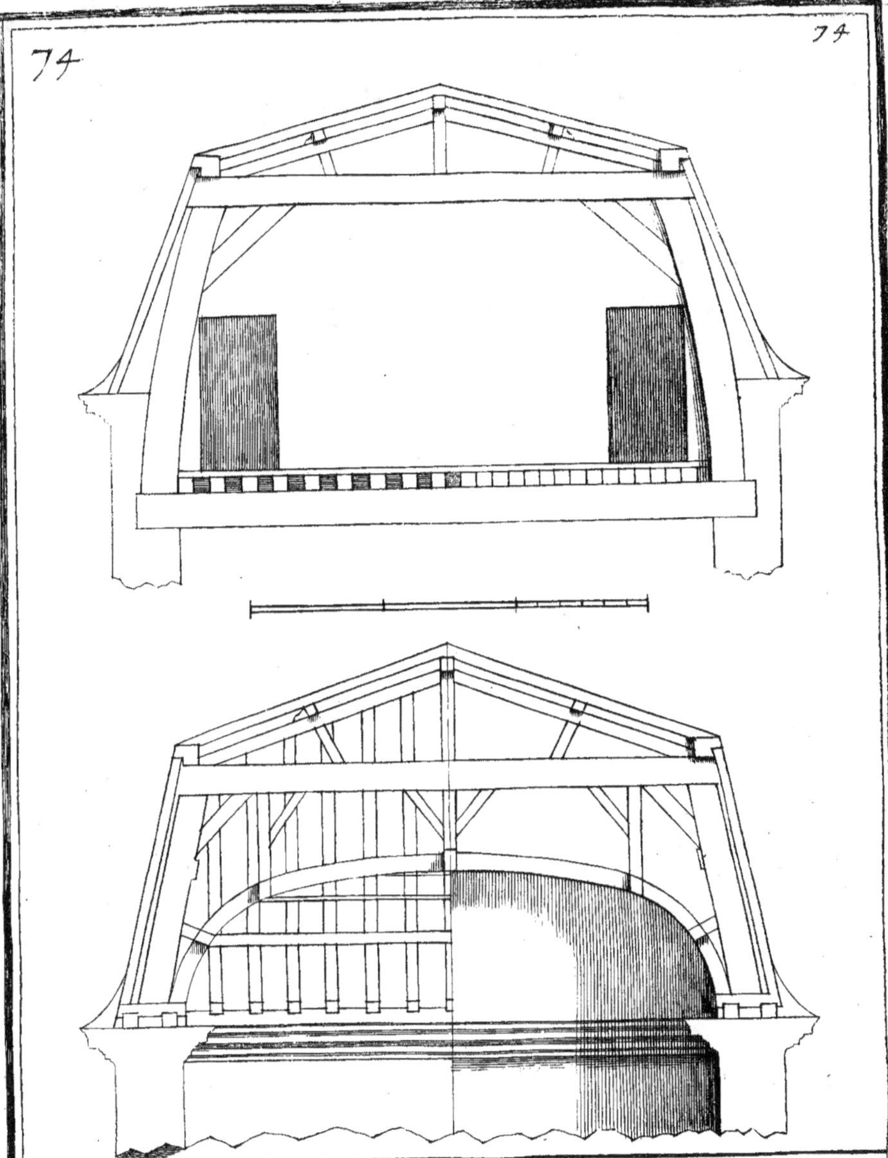

J'ay cru deuoir adiouter en ce liure quelques Combles ou Toits recoupez
A la Mansarde ainsy nommez parceque feu Monsieur Mansart jllustre
Architecte en est jnuenteur, ces Toits nous donnent à peu près les commoditez
des Toits plats d'Italie · Cette maniere est fort vsitée presentement, et l'on en
voit de tres beaux exemples dans plusieurs des bâtimens Royaux, et prin-
cipalement dans ceux que l'on à fait depuis peu à Versailles et aillieurs.

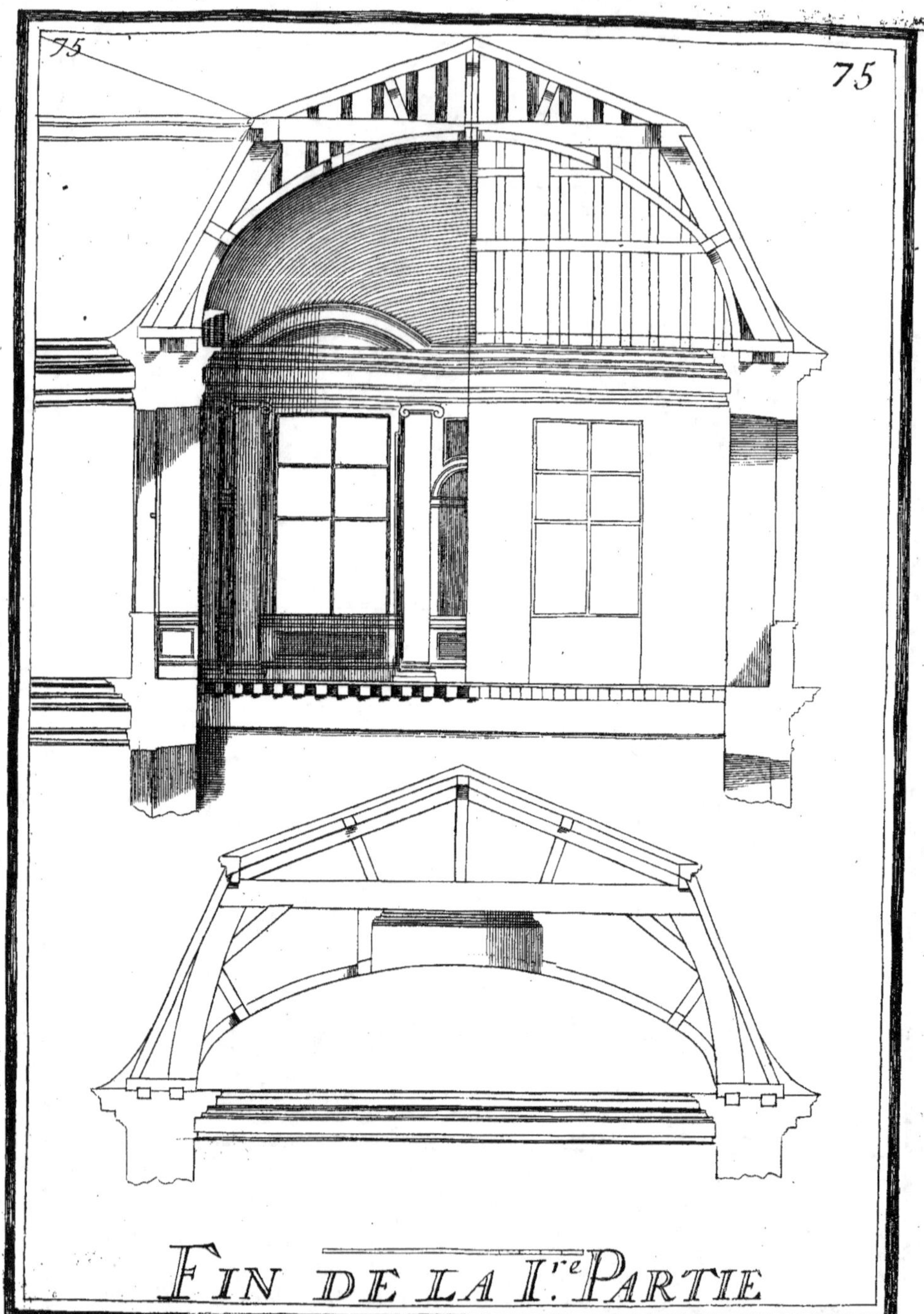

FIN DE LA I.re PARTIE

MANIERE DE BIEN BASTIR
POUR
TOUTES SORTES DE PERSONNES
Contenant plusieurs figures Plans et Elevations des plus
beaux bastimens et Edifices de France
SECONDE PARTIE

Thoizes
A

2
Distribution de la neufieme place de
la largeur de cinquante deux pieds
Iardin
Iardin
Petite salle à manger
Salle
Escallier
Thoizes
1   2   3   4
Remize de carosse
Plan du premier estage du rez de
Chaussée de la cour du petit Basti:
mant de Monsieur le Présidant
Tubeuf rüe des petits champs A Paris
Sommellerie
Puits
Escallier
Cuisine
Passage
Escurie
Gardemanger
B
2

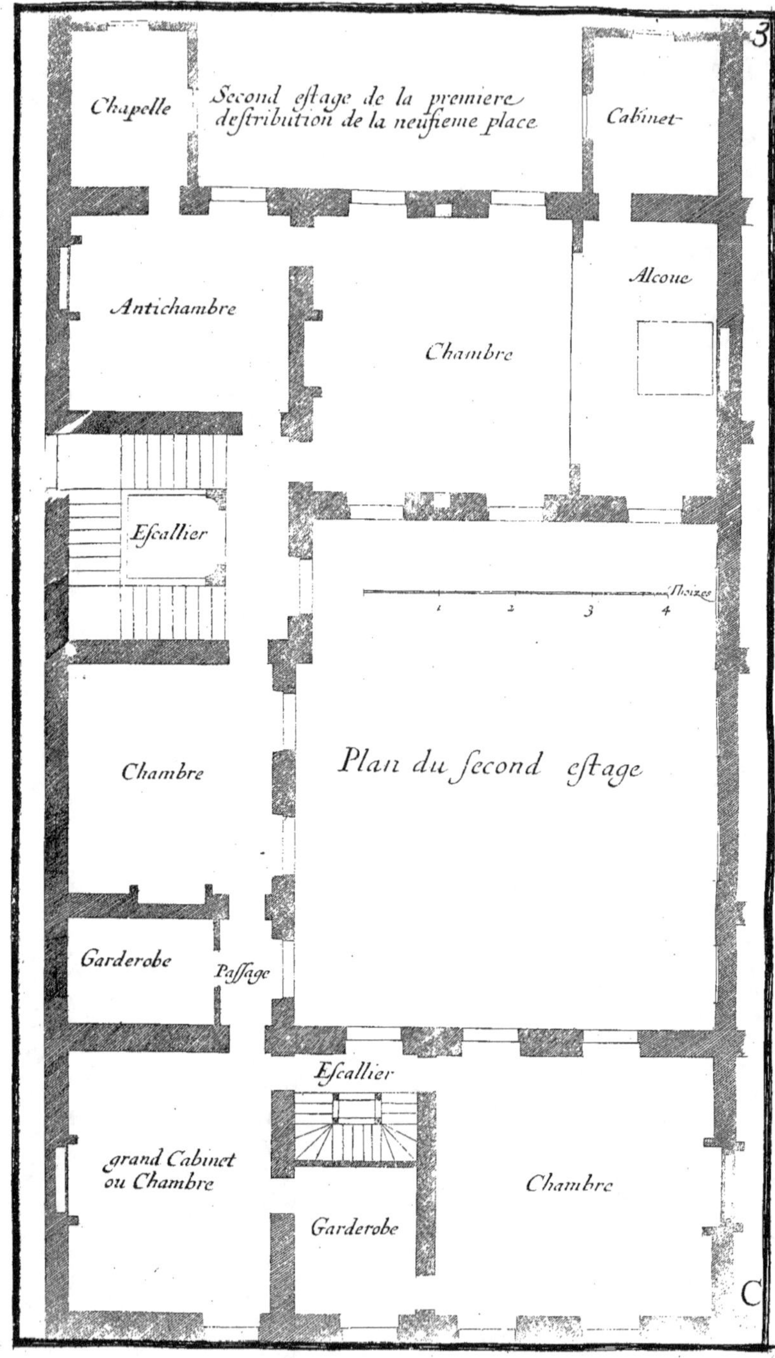
3
Chapelle
Second estage de la premiere
destribution de la neufieme place
Cabinet
Antichambre
Chambre
Alcoue
Escallier
Thoizes
1 2 3 4
Chambre
Plan du second estage
Garderobe
Passage
Escallier
grand Cabinet
ou Chambre
Garderobe
Chambre
C

FACE DV BASTIMANT DV COSTE DE LA COVR

D

FACE DE L'AISLE DV COSTE DE LA COVR

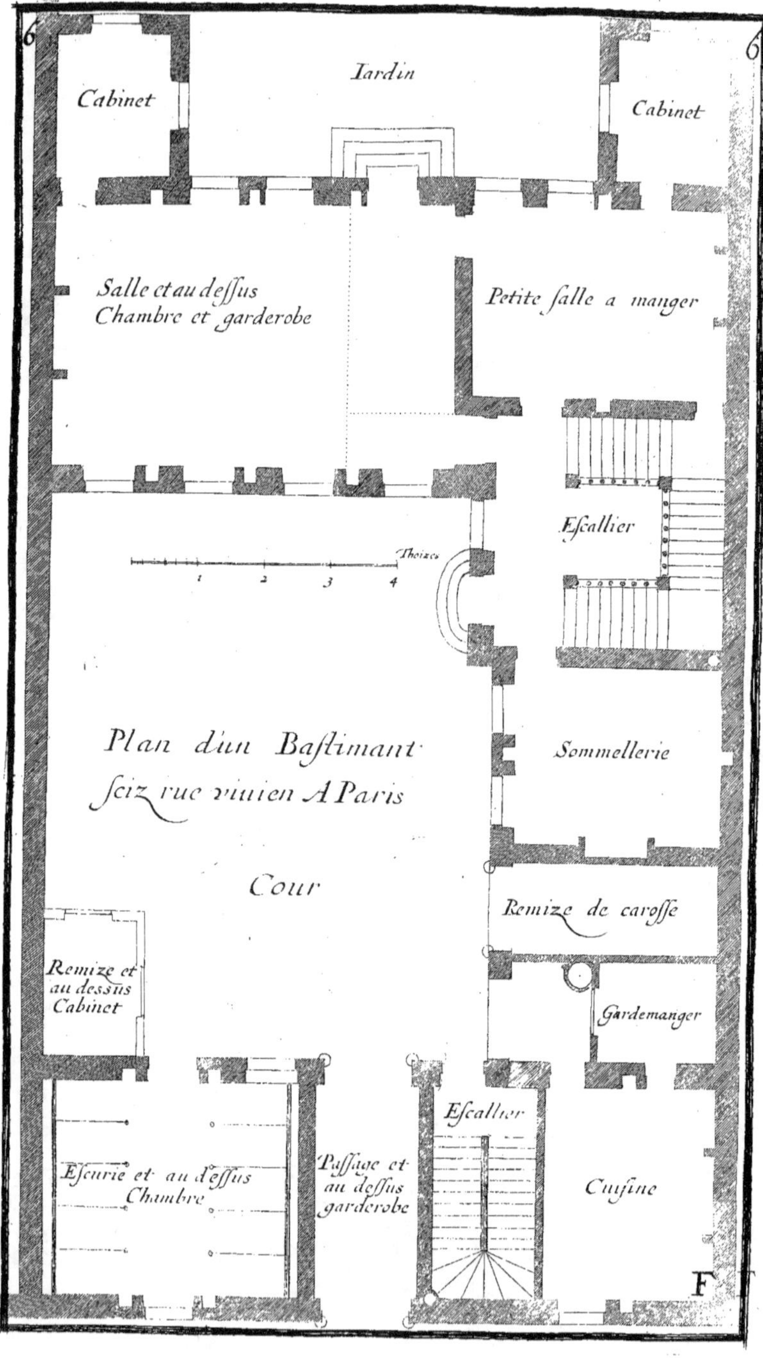

6
6
Cabinet
Iardin
Cabinet
Salle et au deſſus
Chambre et garderobe
Petite ſalle a manger
Eſcallier
Thoizes
1   2   3   4
Plan d'un Baſtimant
ſeiz rue viuien A Paris
Sommellerie
Cour
Remize de caroſſe
Remize et
au deſſus
Cabinet
Gardemanger
Eſcallier
Eſcurie et au deſſus
Chambre
Paſſage et
au deſſus
garderobe
Cuiſine
F

FACE DV BASTIMENT DV COSTE DE LA COVR
Thoizes

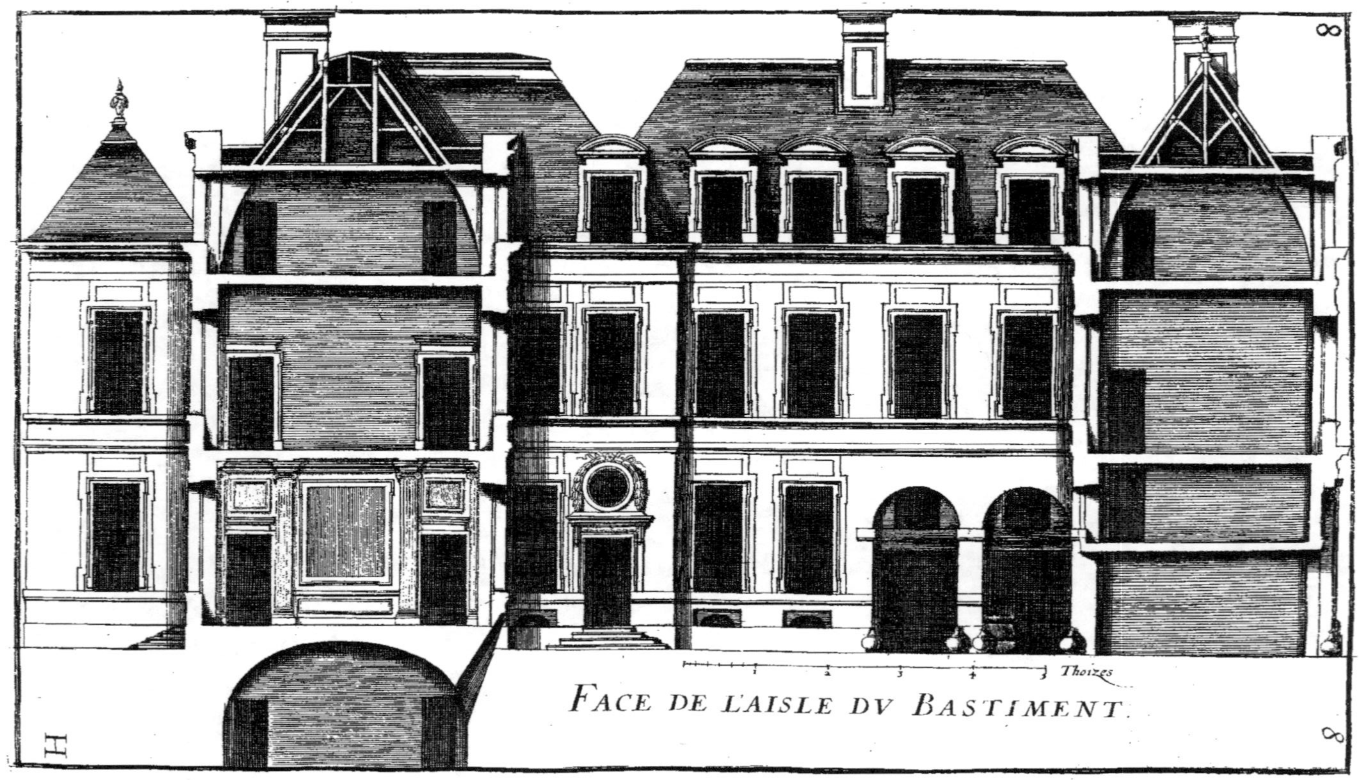

8
Thoizes
FACE DE L'AISLE DV BASTIMENT.
H
8

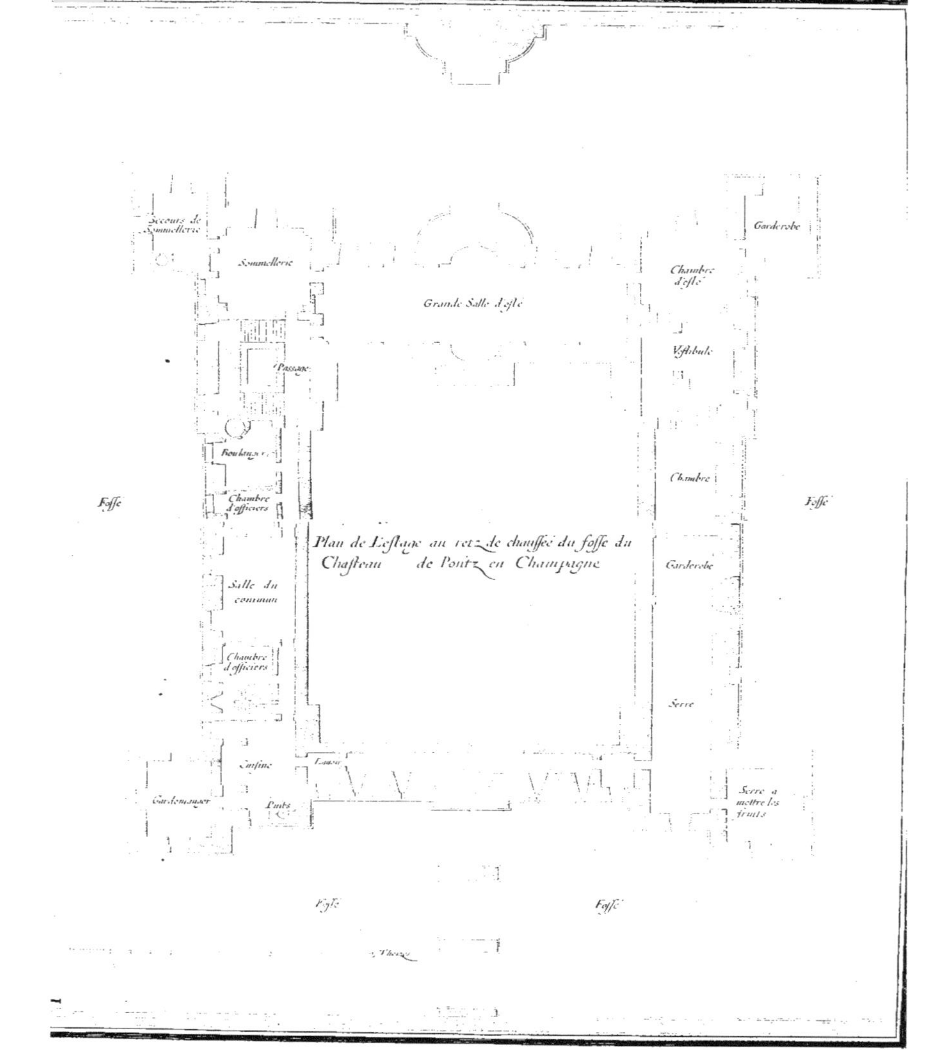

Secours de Sommellerie
Sommellerie
Garderobe
Chambre d'esté
Grande Salle d'esté
Vestibule
Passage
Boulangerie
Chambre
Chambre d'officiers
Fossé
Fossé
Plan de L'estage au retz de chaussée du fossé du Chasteau de Poitz en Champagne
Garderobe
Salle du commun
Chambre d'officiers
Serre
Cuisine
Lavoir
Serre a mettre les fruits
Gardemanger
Puits
Fossé
Fossé
Terrasse

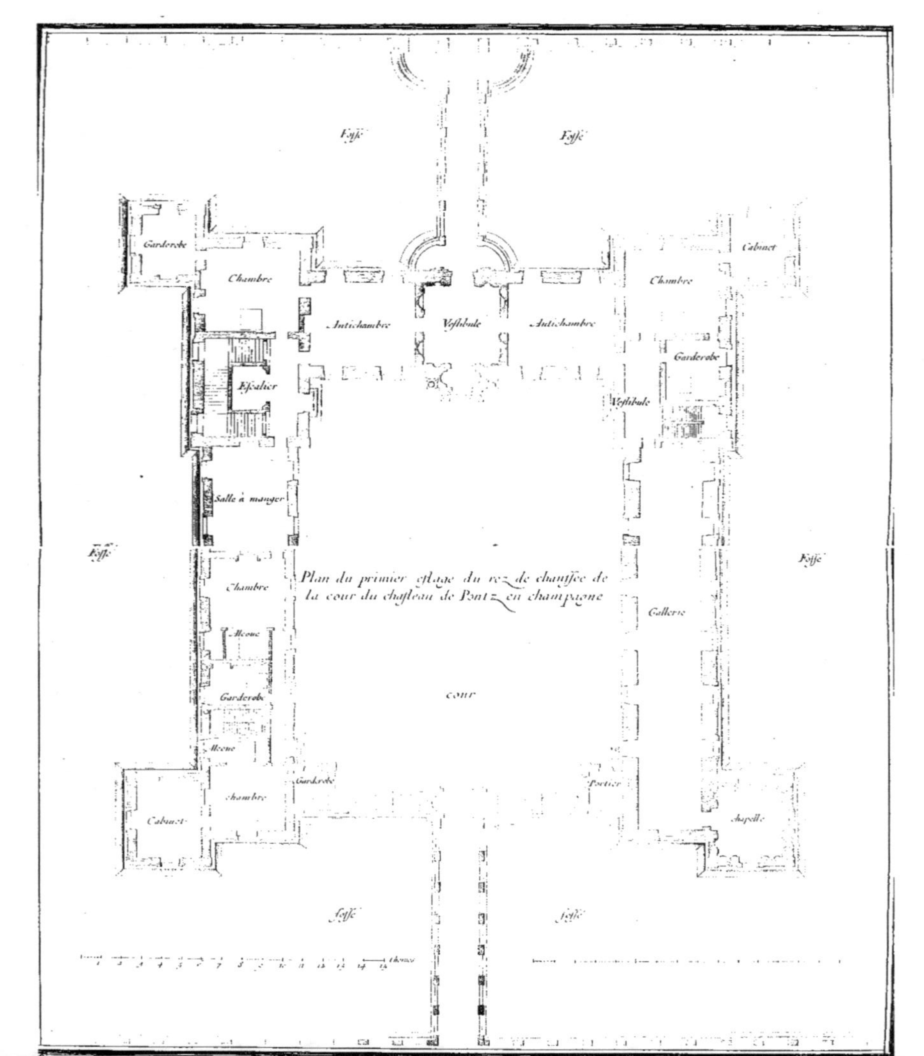

Fossé
Fossé
Garderobe
Chambre
Cabinet
Antichambre
Vestibule
Antichambre
Chambre
Garderobe
Escalier
Vestibule
Salle à manger
Fossé
Fossé
Plan du primier estage du rez de chaussée de
la cour du chasteau de Pontz en champagne
Chambre
Gallerie
Meone
cour
Garderobe
Meone
Garderobe
Poetier
chambre
Cabinet
chapelle
Fossé
Fossé
thoises

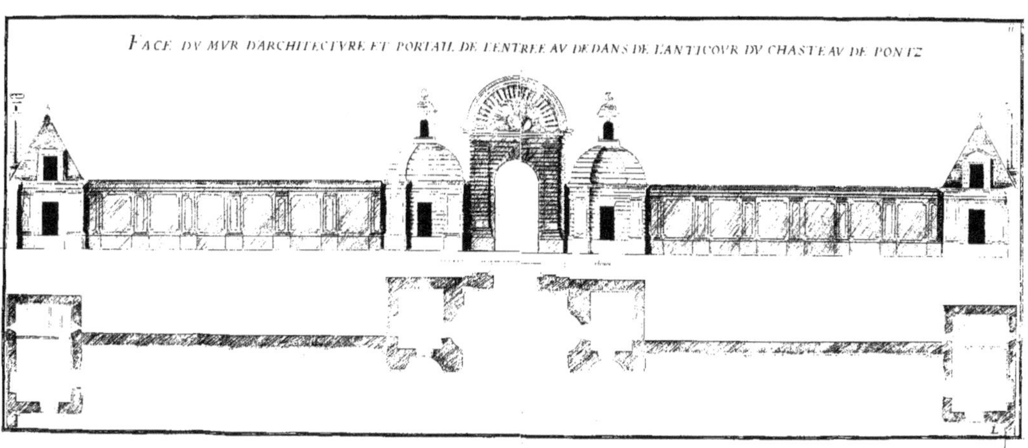
11
FACE DV MVR D'ARCHITECTVRE ET PORTAIL DE L'ENTREE AV DEDANS DE L'ANTICOVR DV CHASTEAV DE PONTZ
L

FACE DV COSTE DE LA COVR DV CHASTEAV DE PONTZ AVEC LA TERRASSE DE L'ENTREE ET PAVILLON SVR LE DEVANT

*F*ACE

FACE DV COSTÉ DE LA COVR DV CHASTEAV DE PONTZ EN CHAMPAGNE

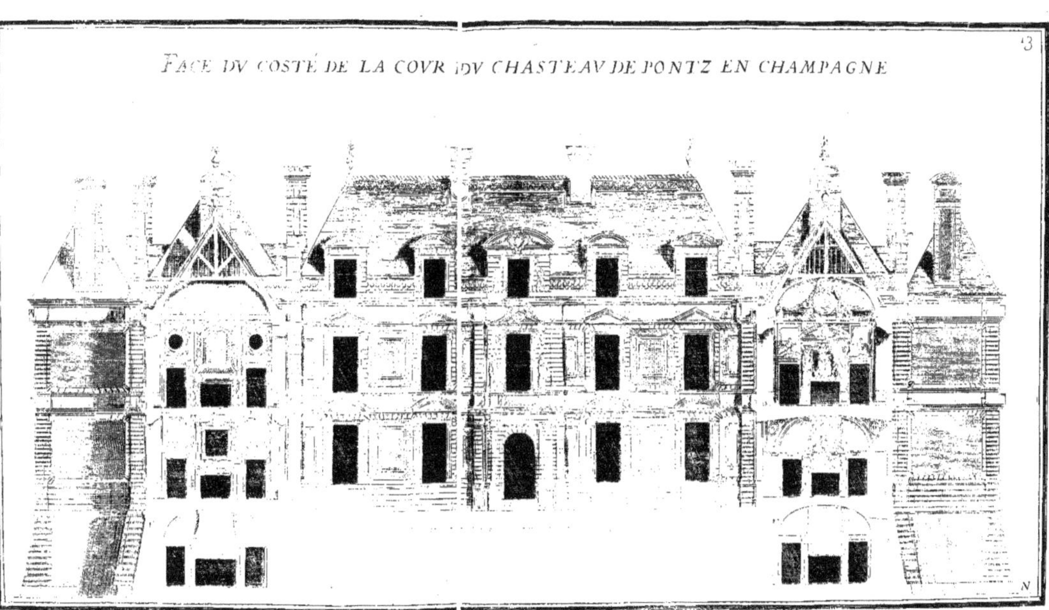

FACE DE L'AISLE DV COSTÉ DE LA COVR DV CHASTEAV DE PONTZ

FACÉ DV COSTÉ DV PARTERRE DV CHASTEAV DE PONTZ EN CHAMPAGNE

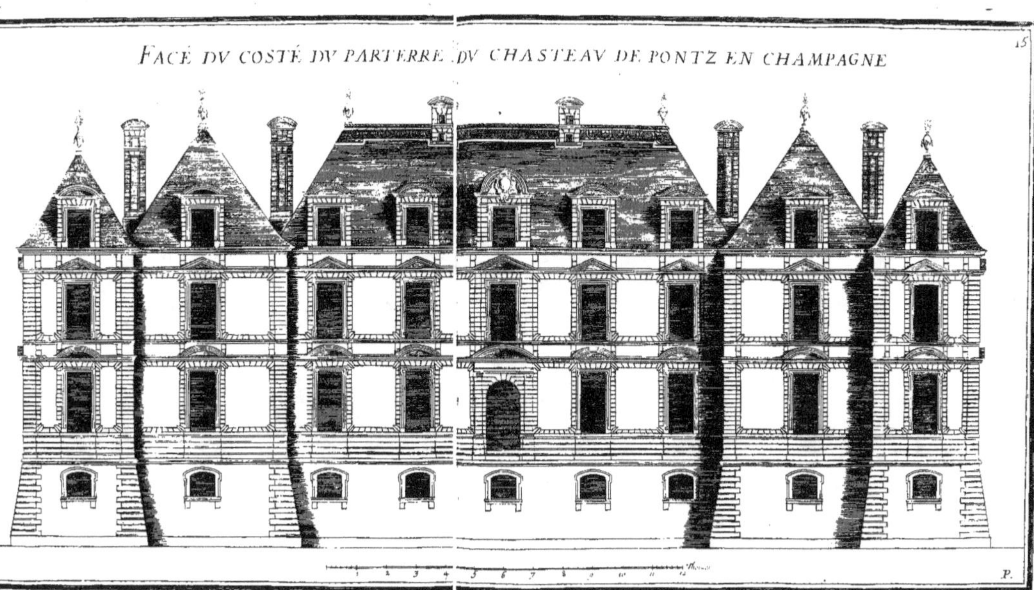

P.

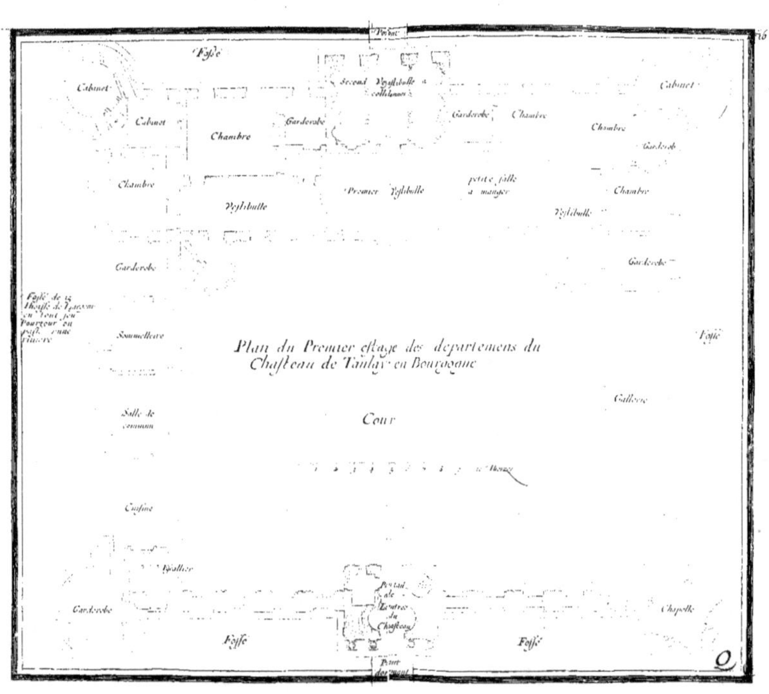

Fossé
Cabinet
Cabinet
Chambre
Chambre
Garderobe
Vestibulle
Garderobe
Fossé de 15
Thoises de Largeur
en tout son
Pourtour en
pente remie
rivierre
Soumellerie
Salle de
commun
Cuisine
Escallier
Garderobe
Fossé
Pont
Second Vestibulle a
collonnes
Garderobe
Premier Vestibulle
petite salle
a manger
Chambre
Garderobe
Chambre
Chambre
Garderobe
Vestibulle
Garderobe
Chambre
Cabinet
Galerie
Fossé
Plan du Premier estage des departemens du
Chasteau de Tanlay en Bourgogne
Cour
Portail
a le
Entrée
du
Chasteau
Chapelle
Fossé
Pont
dormant

Balustres
Gallerie
Garderobe
Cabinet
Garderobe
Chambre
Chambre
Garderobe
Chambre
Salle
Chambre
Chambre
Vestibulle
Garderobe
Antichambre
Chambre
Fossé
Fossé
Garderobe
Gallerie
Garderobe
Chambre
Plan du second estage
du chasteau de Tanlay
1 2 3 4 5 6 7 8 9 10 Thoises
Cabinet
Chapelle

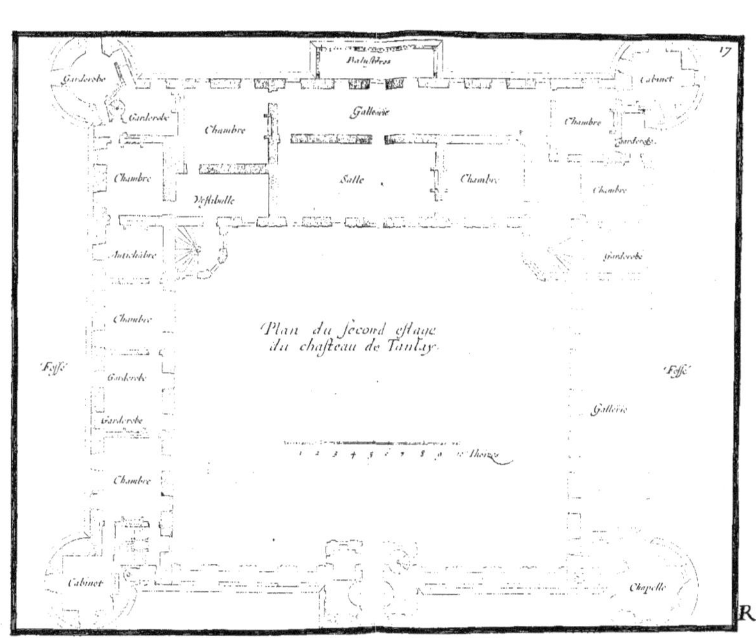

R

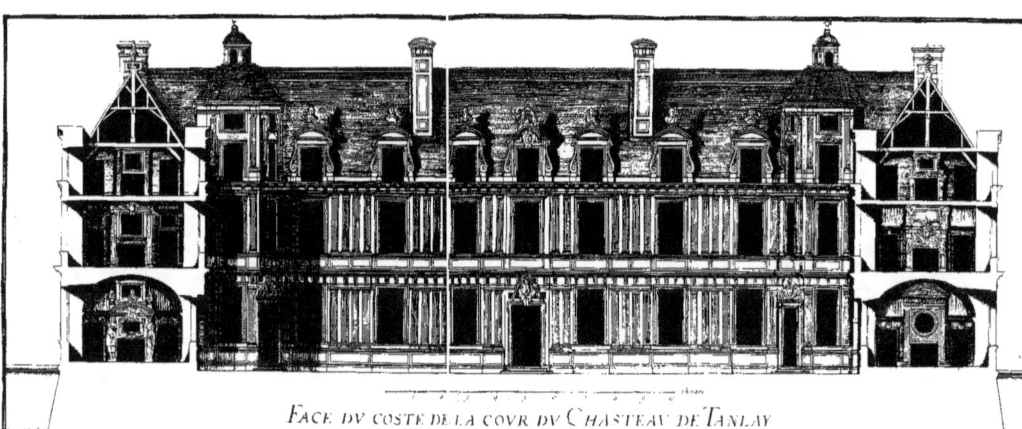

FACE DV COSTE DE LA COVR DV CHASTEAV DE TANLAY

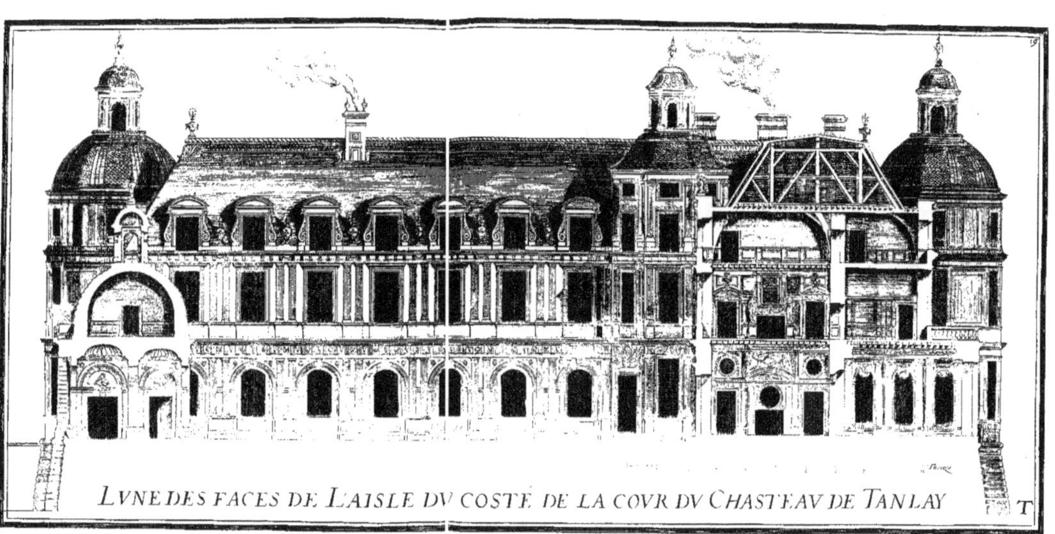

LVNE DES FACES DE L'AISLE DV COSTÉ DE LA COVR DV CHASTEAV DE TANLAY

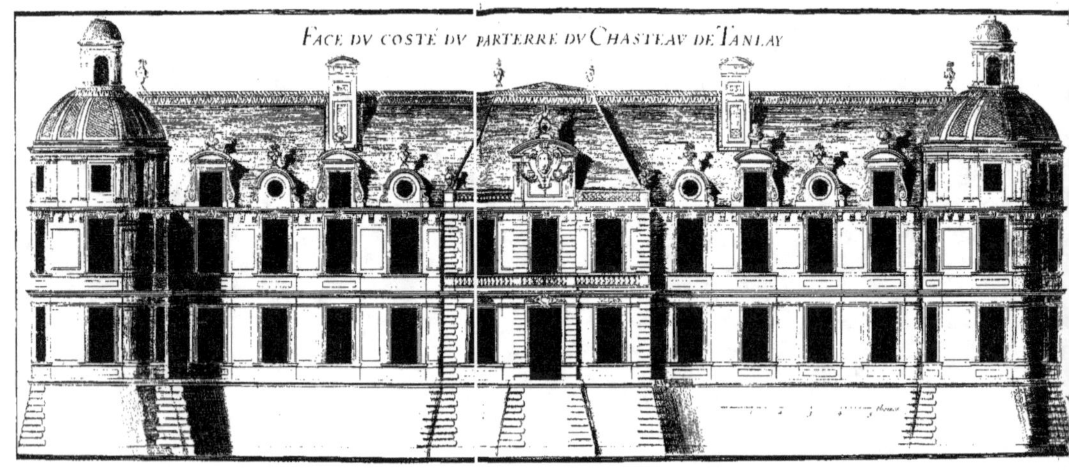

FACE DV COSTÉ DV PARTERRE DV CHASTEAV DE TANLAY

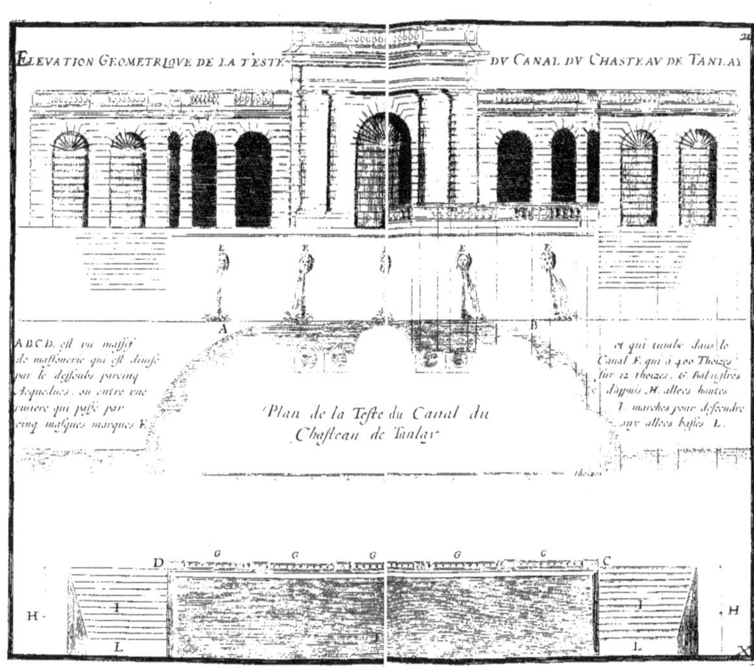

ELEVATION GEOMETRIQVE DE LA TESTE. DV CANAL DV CHASTEAV DE TANLAY
21
A.B.C.D. est vn massif de massonerie qui est diuisé par le dessoubs par cinq Aqueducs, ou entre vne rumiere qui passe par cinq masques marques E.
et qui tombe dans le Canal F. qui a 400 Thoizes sur 12 thoizes, & balustres d'appuis. H. allees hautes. I. marches pour descendre aux allees basses. L.
Plan de la Teste du Canal du Chasteau de Tanlay
thoizes
A
B
E E E E E
D G G G G G C
H I   I H
L   L

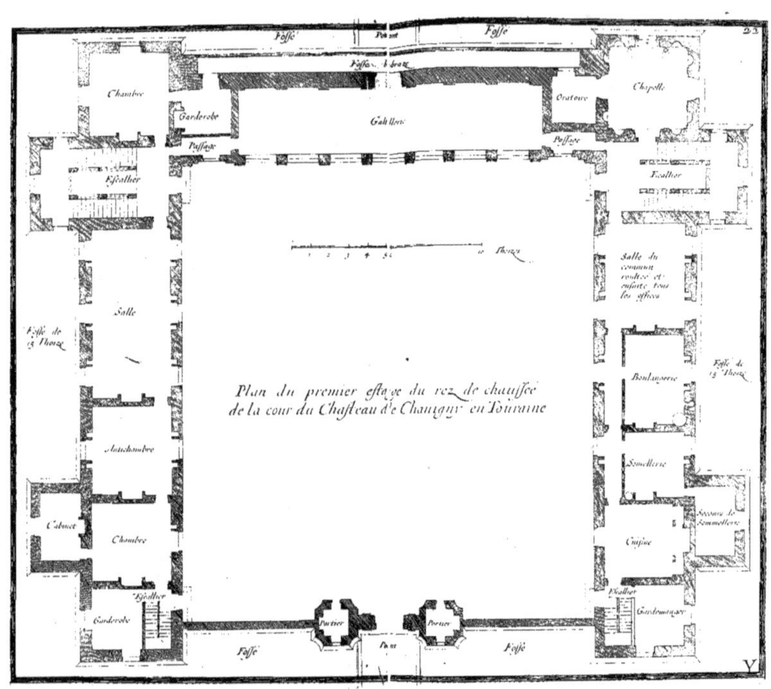

Plan du premier estage du rez de chaussée
de la cour du Chasteau de Chanigny en Touraine

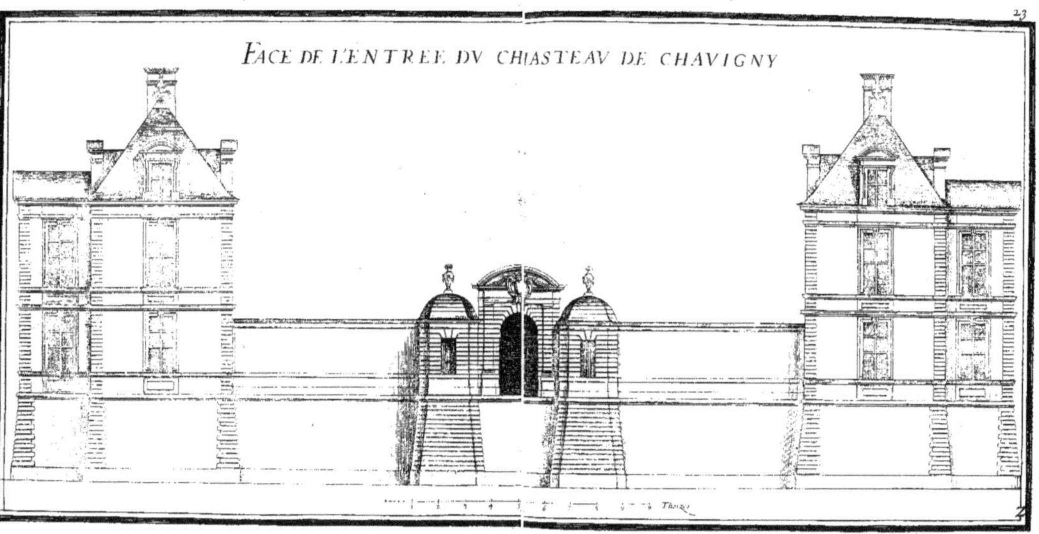
FACE DE L'ENTREE DV CHIASTEAV DE CHAVIGNY
Thoises

FACE DV COSTE DE LA COVR DV CHASTEAV DE CHAVIGNY EN TOVRAINE

12 pieds
BB

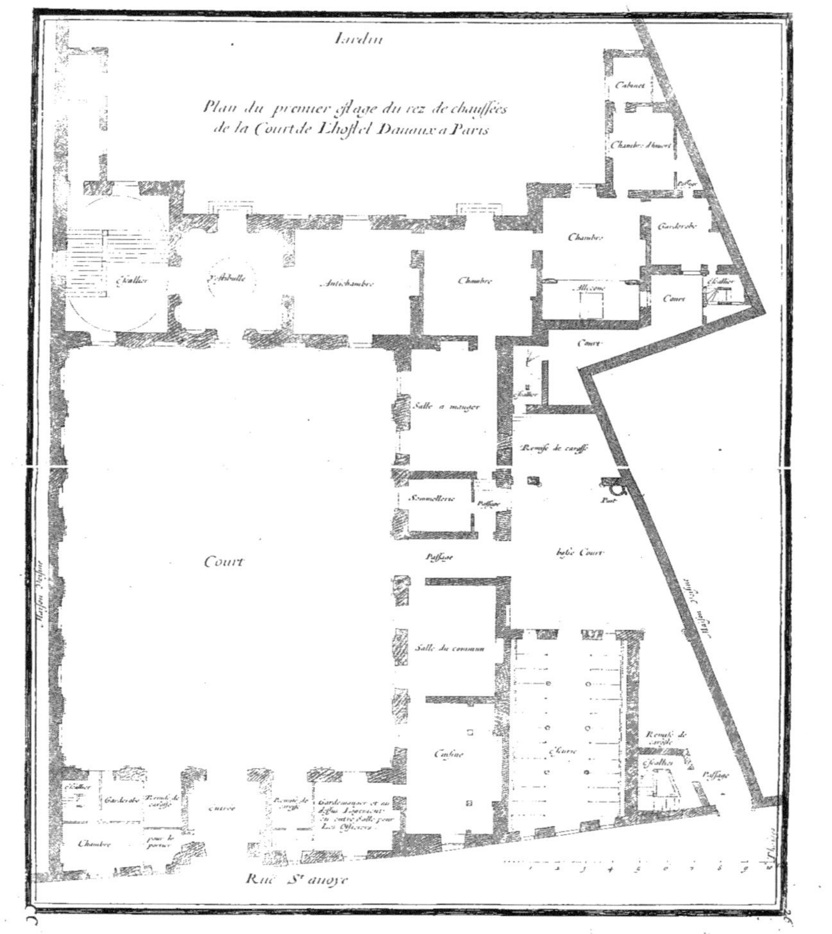

Jardin
Plan du premier estage du rez de chaussées
de la Court de l'hostel Dauaux a Paris
Cabinet
Chambre d'honneur
Garderobe
Chambre
Alcôve
Escallier
Cour
Antichambre
Chambre
Cour
Escallier
Vestibulle
Salle a manger
Escallier
Remise de carosse
Court
Sommellerie
Passage
Pont
Passage
basse Court
Maison Voizine
Maison Voizine
Salle du commun
Remise de carosse
Cuisine
Ecurie
Escallier
Passage
Escallier
Garderobe
Remise de carosse
cuisine
Remise de carosse
Gardemanger et au
dessus Logement
en entre Salle pour
Les Officiers
pour le
portier
Chambre
Rue St anoye

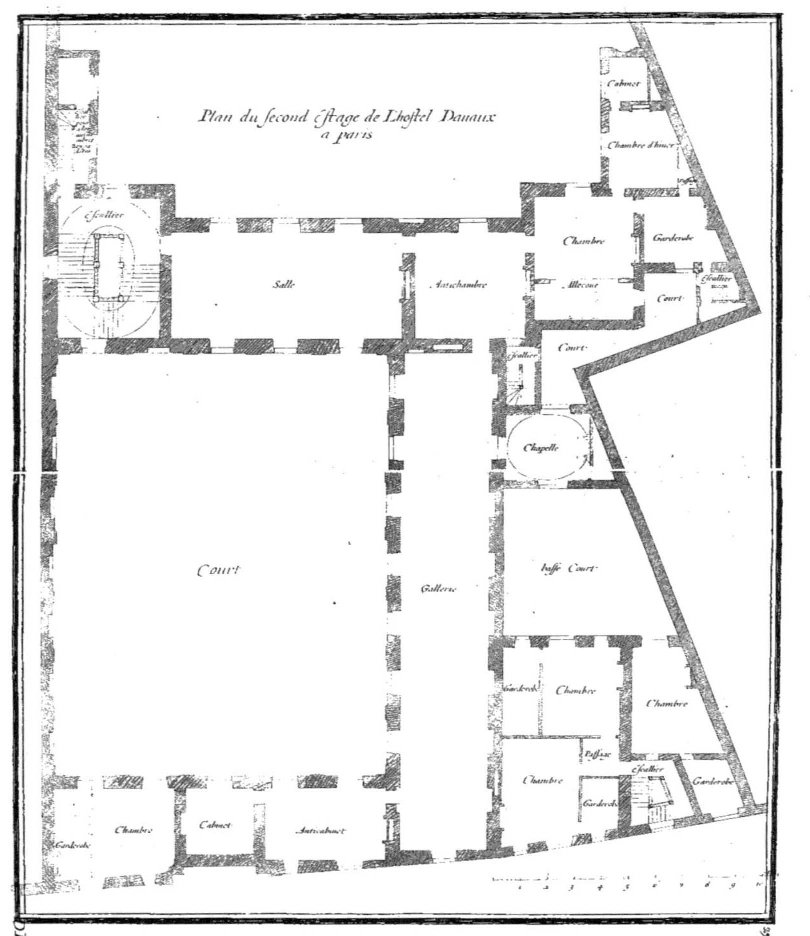

Plan du second Estage de L'hostel Danaux a paris
Escallier
Cabinet
Chambre d'hiuer
Salle
Antichambre
Chambre
Garderobe
Allecoue
Escallier
Court
Escallier
Court
Chapelle
Court
Galllerie
basse Court
Garderobe
Chambre
Chambre
Garderobe
Chambre
Passage
Escallier
Chambre
Cabinet
Anticabinet
Chambre
Garderobe
Garderobe

FACE SVR LA RVE DE L'HOSTEL DAVAVX A PARIS

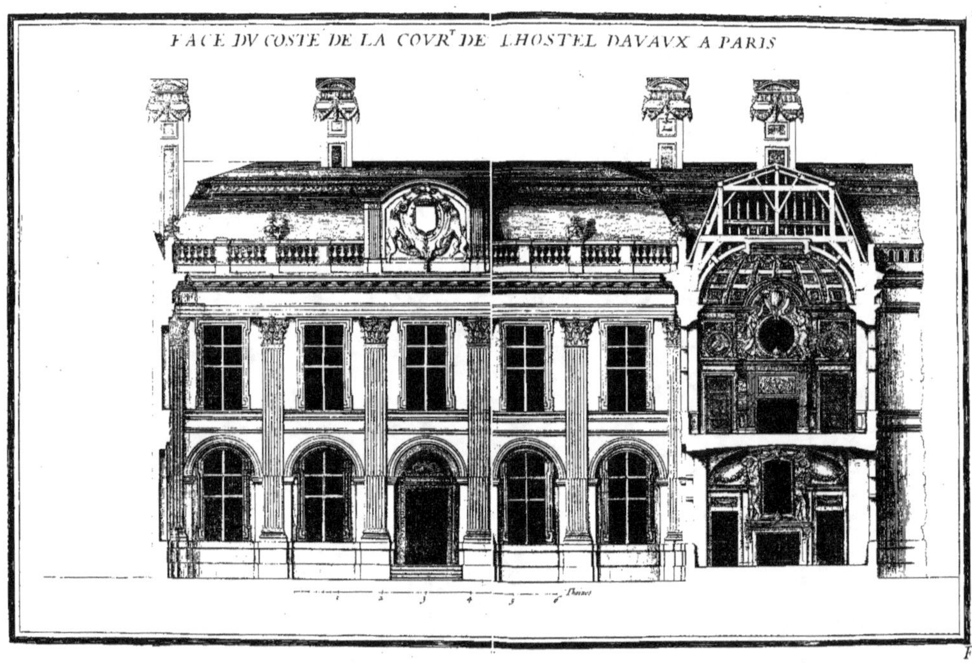

FF

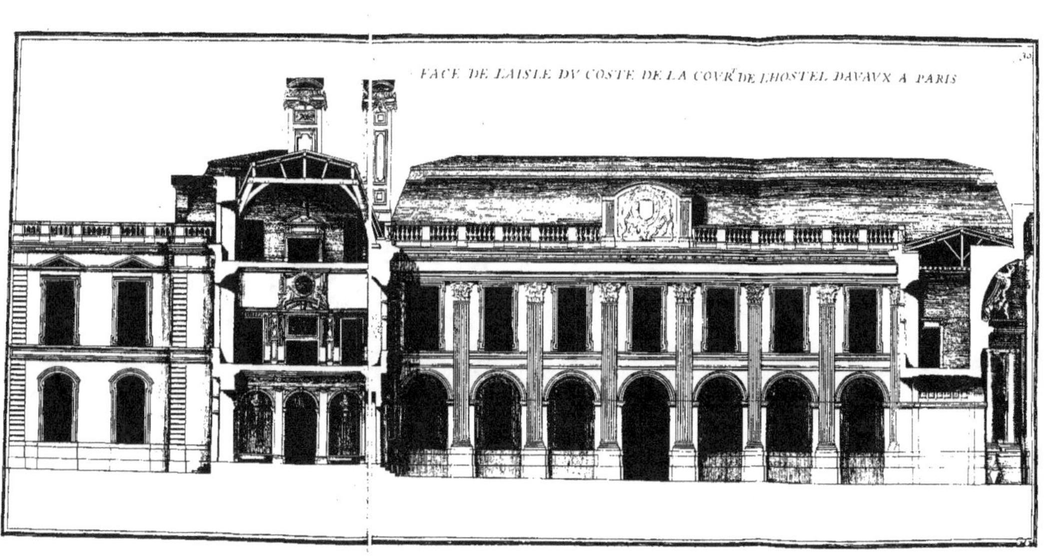
FACE DE LAISLE DV COSTE DE LA COVR DE LHOSTEL DAVAVX A PARIS
30

FACE DV COSTÉ DV IARDIN DE LHOSTEL DAVAVX A PARIS
FIN DE LA SECONDE PARTIE